Katharina Studtmann

# Politikunterricht in den Klassen 5 bis 7

## Eine praxisorientierte Einführung in die Unterrichtsplanung

Bibliografische Information der Deutschen Nationalbibliothek
Die Deutsche Nationalbibliothek verzeichnet diese Publikation in der Deutschen Nationalbibliografie; detaillierte bibliografische Daten sind im Internet unter http://dnb.d-nb.de abrufbar.



www.wochenschau-verlag.de



Umschlaggestaltung: Ohl Design
Umschlagabbildung: © Adobe Stock / studio v-zwoelf
Gedruckt auf chlorfrei gebleichtem Papier
Gesamtherstellung: Wochenschau Verlag
**ISBN** 978-3-7344-1560-9 (Buch)
**E-Book** ISBN 978-3-7566-1560-5 (PDF)
**DOI** https://doi.org/10.46499/1784

# Inhalt

# Einleitung

„Ich wusste gar nicht, wie spannend und nah an der Lebenswelt meiner Schüler:innen Politikunterricht gestaltet werden kann."
– Feedback einer Lehramtsstudentin

Das vorliegende Buch möchte einen praxisorientierten Beitrag zur Stärkung der politischen Bildung in den Jahrgangsstufen 5 bis 7 leisten. Es richtet sich dabei an gegenwärtige oder zukünftige Lehrkräfte, die Politik im Anfangsunterricht unterrichten (werden), sei es an Grundschulen oder an weiterführenden Schulen, sei es als Einzelfach oder im Fächerverbund. Dabei zielt es vor allem auf Leser:innen ab, die keine oder wenig Erfahrung in der Unterrichtsplanung für den Anfangsunterricht Politik haben: Studierende, Referendar:innen, Quer- oder Seiteneinsteiger:innen oder auch Lehrkräfte, die das Fach Politik – ohne es studiert zu haben – fachfremd unterrichten. Auch und vor allem solche Personen werden adressiert, die wie die oben zitierte Studentin, möglicherweise mit einer gewissen Skepsis an das Fach Politik herantreten. Dieser Band führt sie schrittweise und stets praxisorientiert an die Planung einer Unterrichtssequenz heran und gibt dabei zahlreiche, konkrete Hinweise für einen abwechslungsreichen sowie adressat:innen-orientierten Unterricht, der zugleich fachlich und didaktisch fundiert ist. Dieser kann – entgegen hartnäckiger Vorurteile – lebendig und mit einem hohen Lebensweltbezug gestaltet werden und verhandelt – richtig gewendet – eben nicht vermeintlich theoretisch-abstrakte Lerngegenstände, sondern im Gegenteil ungemein wichtige und vor allem – auch und gerade für junge Menschen – persönlich bedeutsame Fragestellungen. Denn: Politik gibt Antworten auf die zentrale gesellschaftliche Frage: Wie wollen wir unser Zusammenleben gestalten?

Die kompakte Form dieser Einführung nimmt dabei Rücksicht auf begrenzte Zeitbudgets, gibt aber für Leser:innen, die bestimmte Themen vertiefen möchten, stets am Kapitelende Hinweise auf weiterführende Literatur. Die starke, jedoch theoriebasierte Praxisorientierung speist sich dabei aus meiner Erfahrung auf der Schnittstelle zwischen Theorie und Praxis – als Politiklehrkraft in der Schule, als Dozentin in der universitären Fachdidaktik und in der Lehrkräfteweiterbildung.

Der erste Teil dieses Buches beschäftigt sich mit grundlegenden Voraussetzungen für Politikunterricht in den Klassen 5 bis 7. Dazu liefert er zunächst eine Auseinandersetzung mit dem Kernbegriff Politik, beleuchtet zentrale wissenschaftliche Ergebnisse zum Thema kindlicher politischer Sozialisation, widmet sich dann der Frage der Ausgestaltung schulischer politischer Bildung in der Demokratie und skizziert schließlich das Modell der Politikkompetenz, welches auf den übergeordneten Wert der politischen Mündigkeit abzielt. Auf diesem theoretischen Fundament basierend und sich immer wieder auf dieses zurückbeziehend widmet sich der zweite Teil dieses Buches konkreten Hinweisen zur Planung einer kompetenzorientierten Unterrichtssequenz im Anfangsunterricht Politik. Die Planung einer spannenden sowie an der Lebenswelt der Schüler:innen orientierten und zugleich didaktisch funktionalen und stringenten Unterrichtssequenzplanung ist eine komplexe und herausfordernde Arbeit, soll sie doch zahlreiche Voraussetzungen beachten, Bedingungen berücksichtigen und Entscheidungen begründet treffen. Das Interdependezgefüge all dieser Planungsaspekte wird in diesem Buch aus rein didaktischen Gründen in acht aufeinanderfolgende Planungsschritte gegliedert: Lerngruppenanalyse, Rahmenlehrplanbezüge, Kompetenzförderung, Politikdidaktische Prinzipien, Sachanalyse, Lehr-Lernschritt-Folge, Material- und Medien- sowie Methodenwahl. Dabei wird jeder der acht Planungsschritte zunächst jeweils allgemein erläutert und dann in Bezug auf eine vollständig ausgeführte Unterrichtsplanung zur Leitfrage *Fridays for Future-Demonstrationen: Sind die Meinungs- und Versammlungsfreiheit wichtiger als die Schulpflicht?* konkretisiert und damit veranschaulicht.

Obwohl politische Bildung in den Grundschulen in den Sachunterricht integriert und im Perspektivrahmen Sachunterricht (GDSU 2013) in der sozialwissenschaftlichen Perspektive abgebildet wird, galt sie „lange Zeit primär als Aufgabe der höheren Schulstufen“ (Brügelmann 2020, 9). Daher fristet die politische Bildung noch immer „in den Grundschulen eher ein Nischendasein“ (ebenda, 7). An weiterführenden Schulen wird Politikunterricht als Einzelfach in den meisten Bundesländern leider erst mit Beginn der siebten oder achten Klassenstufe erteilt (Gökbudak/Hedtke 2019). Der Stellenwert der frühen schulischen politischen Bildung verändert sich jedoch erfreulicherweise in den letzten Jahren und wird u.a. angestoßen durch die Einführung des Integrationsfaches Gesellschaftswissenschaften, der sich immer mehr Bundesländer anschließen. Die in der Praxis tätigen Lehrkräfte stellt diese Innovation allerdings vor neue Herausforderungen, ohne dass sie stets die notwendige didaktische Unterstützung erfahren. Eben jene Hilfe möchte das vorliegende Buch anbieten, wobei es sich aufgrund meiner Profession bewusst auf die politikdidaktische Perspektive beschränkt und nicht den Anspruch erhebt eine gesellschaftswissenschaftliche Didaktik zu begründen (vgl. dazu Gautschi (2019) und Witt u.a. (2021)).

Katharina Studtmann
Berlin im Frühjahr 2023

# Voraussetzungen für Politikunterricht in den Klassen 5 bis 7

Um zentrale Voraussetzungen für den Politikunterricht in den Klassen 5 bis 7 zu klären und damit eine theoriebasierte Grundlage für den eigentlichen Planungsprozess zu legen, erfolgt zunächst die fachwissenschaftliche Auseinandersetzung mit dem schillernden Kernbegriff *Politik* mit Blick auf seine etymologische Herleitung, seine alltagssprachliche Verwendung sowie seine fachwissenschaftliche Definitionsvielfalt. Dem schließt sich die Darlegung zentraler wissenschaftlicher Ergebnisse zur Frage der kindlichen politischen Sozialisation an, welche für das Alter der Schüler:innen in den Klassen 5 bis 7 relevant sind. Der Vorstellung der konkreten Ausgestaltungsmöglichkeiten schulischer politischer Bildung in der Demokratie auf drei Ebenen folgt abschließend der Blick auf das zentrale Modell der Politikkompetenz mit dem übergeordneten Globalziel der politischen Mündigkeit.

## Was ist Politik?

### Etymologische Herleitung

Der Begriff Politik ist vom altgriechischen Wort *polis* abgeleitet, das sich mit *Stadt, Staat* oder *Burg* übersetzen lässt und die Stadtstaaten der griechischen Antike als die Wiege der Demokratie bezeichnet (Vierecke 2019, Nitschke 2020). Demselben Wortfeld entstammen die Begriffe

| | |
|---|---|
| *polites* | *Bürger der Polis* |
| *politeia* | *Verfassung bzw. Staat* |
| *ta politika* | *Angelegenheiten, die alle Bürger einer Polis betreffen* |
| *politike techne* | *die politische Kunst, diese gemeinsamen Anliegen zu verhandeln und zu gestalten* |

Politik bezeichnet also ursprünglich alle Fragestellungen (*ta politika*), welche die Bürger (*polites*) eines griechischen Stadtstaates (*polis*) gemeinsam betreffen und die sie in einer bestimmten Art und Weise (*politike techne*) mit Hilfe einer Verfassung und staatlicher Institutionen (*politeia*) verhandeln und gestalten.

Während sich der Begriff *Politik* also etymologisch eindeutig ableiten lässt, ist es seine inhaltliche Füllung sowohl alltagssprachlich als auch wissenschaftlich keineswegs einheitlich, unterliegt sie doch je nach Perspektive und Zeithorizont einem sehr unterschiedlichen Verständnis.

## Alltagsverständnis

Fragt man unterschiedlichste Personen spontan auf der Straße, was Politik sei, wie es die Bundeszentrale für politische Bildung (BpB) getan und in einem dreiminütigen Film (BpB 2016) zusammengefasst hat, so erhält man abhängig vom Standpunkt der Befragten gegenüber Politik naturgemäß sehr unterschiedliche Antworten, wie z.B.

> Politik ist …
> … das Ziel, das Gemeinwohl zu verbessern und für die Menschen die richtigen Entscheidungen zu treffen.
> … die Kunst einen Staat zu führen.
> …ö ffentlicher Diskurs.
> … was uns alle betrifft.
> … einfach nur Bla.
> … eine Lüge.
> (BpB 2016)

Und auch fünfjährige Kindergartenkinder sind sich erwartungsgemäß uneinig, was Politik eigentlich ist:

> Politik ist …
> …, wenn jemand keine Zeit hat.
> …, da muss man wählen.
> …, dass jemand über unsere Welt bestimmt.
> … so ne' Stadt und da drin sind die Politiker und die sorgen dafür, dass alles funktioniert.
> (Rhein-Main-TV 2017)

## Wissenschaftliche Definitionsvielfalt

Ebenso vielfältig wie das Alltagsverständnis ist auch das wissenschaftliche Verständnis von Politik. Die folgende, keineswegs vollständige Auswahl zentraler Politikdefinitionen von der griechischen Antike bis in die Gegenwart zeigt, dass es auch in der Wissenschaft keine einheitliche Politik-Definition gibt, sondern gerade im Gegenteil eine Fülle verschiedener Begriffsfüllungen besteht.

> Politik ist die Summe der Mittel, die nötig sind, um zur Macht zu kommen und sich an der Macht zu halten und um von der Macht den nützlichsten Gebrauch zu machen, […] Politik ist also der […] Umgang mit der Macht. (Niccolò Machiavelli um 1515)

> Politik ist das Streben nach Machtanteil oder nach Beeinflussung der Machtverteilung, sei es zwischen Staaten, sei es innerhalb eines Staates oder zwischen den Menschengruppen, die er umschließt. (Max Weber 1919)
>
> Politik ist der Kampf um die gerechte Ordnung. (Otto Suhr/Otto Heinrich v.d. Gablenz 1950/1965)
>
> Das politische System sei ein Entscheidungssystem, deren Entscheidungen besondere Relevanz haben, da sie die Verteilung von Gütern betreffen. (David Easton 1954/1964)
>
> Politik ist gesellschaftliches Handeln, […] welches darauf gerichtet ist, gesellschaftliche Konflikte über Werte verbindlich zu regeln. (Gerhardt Lehmbruch 1968)
>
> Politik (ist) der alle Bereiche des gesellschaftlichen Lebens durchdringende Kampf der Klassen und ihrer Parteien, der Staaten und der Weltsysteme um die Verwirklichung ihrer sozialökonomisch bedingten Interessen und Ziele […] (marxistisch-leninistisches Wörterbuch der Soziologie 1969)
>
> Politik ist der Komplex sozialer Prozesse, die speziell dazu dienen, das Akzept administrativer (Sach-) Entscheidungen zu gewährleisten. Politik soll verantworten, legitimieren und die erforderliche Machtbasis für die Durchsetzung der sachlichen Verwaltungsentscheidungen liefern. (Niklas Luhmann 1971)
>
> (Zitiert nach Meyer 2010, 38)

**Fünf Sichtweisen auf das Politische**

Obwohl nach Massing „die Politikwissenschaft die Suche nach einem verbindlichen Wesensbegriff von Politik weitgehend aufgegeben" (Massing 2021, 32) hat, lassen sich die verschiedenen Begriffsbestimmungen zumindest ordnen. Dazu bietet sich die Systematik des Politikwissenschaftlers Dolf Sternberger (1907–1989) an, welche drei sich gegenseitig ausschließende, aber bis heute wirksame Sichtweisen auf das Politische unterscheidet: das Machtmodell der Dämonologik, das Heilsmodell der Eschatologik und das Verständigungsmodell der Politologik. Während die Dämonologik in der Nachfolge Machiavellis Politik als Machtkampf und politisches Denken als Technik des Machterwerbs und des Machterhalts versteht, sieht die Eschatologik beruhend auf den Gedanken des spätantiken Theologen und Philosophen Augustinus Politik als Weg zu vollkommenem Frieden und vollkommener Gerechtigkeit, womit politisches Denken zum Element einer jenseitig ausgerichteten Theologie wird. Die auf den griechischen Philosophen Aristoteles sich beziehende Politologik versteht Politik als Versuch gleicher, freier und vernünftiger Bürger, ihre Streitigkeiten friedlich zu regeln (Sternberger 1978).

Meyer (2010) ergänzt Sternbergs Gliederung um zwei weitere, prototypische Sichtweisen des Politischen: Das Vertragsmodell versteht – in Rückgriff auf die Theorien der Aufklärer Thomas Hobbes und John Locke – Politik als fortlaufende, vertragliche Verständigung über wechselseitige Interessen. Zu diesem Zweck schließen die Bürger:innen einen sie bindenden Staatsvertrag zum gegenseitigen Nutzen aller. Das in den 1960er Jahren von dem Politikwissenschaftler Deutsch entwickelte kybernetische Informationsmodell versteht Politik schließlich als gesamtgesellschaftliche Steuerungsleistung, welche durch einen ungehinderten Informationsfluss aus allen Teilen der Gesellschaft zu allen Steuerungseinheiten und ebenso in umgekehrter Richtung gesichert sei.

| **Sichtweise des Politischen nach Sternberger und Meyer** | **Modell** | **Geschichtliche Wurzel** | **Nachfolger:innen** |
|---|---|---|---|
| Politologik | Verständigungsmodell | Aristoteles<br>5. Jh. v. Chr. – Antike | Hannah Arendt,<br>Gerhardt Lehmbruch,<br>Thomas Meyer |
| Eschatologie | Heilsmodell | Aurelius Augustinus<br>4./5. Jh. n. Chr. | Dolf Sternberger |
| Dämonologik | Machtmodell | Niccolò Machiavelli<br>15./16. Jh. | Max Weber,<br>Marxismus-Leninismus |
| | Vertragsmodell | Thomas Hobbes &<br>John Locke<br>17. Jh. | |
| | Informationsmodell | Karl W. Deutsch<br>20. Jh. | Niklas Luhmann |

**Abb. 1: Fünf Sichtweisen des Politischen nach Sternberger und Meyer. Eigene Darstellung.**

Trotz ihrer Unterschiedlichkeit lässt sich als Gemeinsamkeit aller Definitionen erkennen, dass der Politik die grundlegende Funktion zugeschrieben wird, ein friedliches und gemeinwohlorientiertes Zusammenleben zu gestalten, wobei sie permanent aufgefordert ist, gesellschaftliche Problemlagen öffentlich und in der Aushandlung von Alternativen zu lösen. Dieser Kerngedanke findet sich auch in der von vielen Politikwissenschaftler:innen geteilten Definition:

> Politik ist die Gesamtheit der Aktivitäten zur Vorbereitung und zur Herstellung gesamtgesellschaftlich verbindlicher und/oder am Gemeinwohl orientierter und der ganzen Gesellschaft zugutekommender Entscheidungen. (Meyer 2010, 37)

Auch die Autor:innen des 16. Kinder- und Jugendbericht der Bundesregierung (2020), welcher sich der Förderung demokratischer Bildung im Kindes- und Jugendalter widmet, bezeichnen den Begriff der Politik als einen „schillernde[n] Begriff, der ein vielgestaltiges Gesicht von negativen öffentlichen Zuschreibungen im Sinne „Politik ist ein schmutziges Geschäft" bis zu ausgefeilten Konzepten der politischen Theorie und Ideengeschichte annehmen" könne. (BMFSFJ 2020, 107) Sie differenzieren wissenschaftliche Begriffe von Politik nach den Trennlinien analytisch versus normativ, machtorientiert versus verständigungsorientiert und nach der Fragestellung, ob Politik stärker als Konflikt und sozialer Kampf oder vielmehr als die Analyse und Gestaltung gesellschaftlicher Macht- und Herrschaftsverhältnisse verstanden wird. In Auseinandersetzung mit den verschiedenen Politikbegriffen gelangen sie zur folgenden Arbeitsdefinition:

> Politik ist die Gesamtheit der Aktivitäten und Strukturen, die auf die Herstellung, Durchsetzung und Infragestellung allgemein verbindlicher und öffentlich relevanter Regelungen in und zwischen Gruppierungen von Menschen abzielt.
> Dass es im politischen Prozess dabei auch um den Gewinn und Erhalt von Macht geht, soll dabei ausdrücklich nicht ausgeblendet werden. Ebenso wie die Bestimmung dessen, was das Gemeinwohl sein soll, umstritten ist, ringen Akteurinnen und Akteure im politischen Prozess um die Durchsetzung ihrer Interessen. Politik bedeutet daher immer auch die Bearbeitung sozialer Konflikte. *(BMFSFJ 2020, 108)*

### Enger und weiter Politikbegriff

Gerade weil eine einheitliche wissenschaftliche Politikdefinition fehlt, ist für den Politikunterricht die grundsätzliche Unterscheidung zwischen einem *engen* und einem *weiten Politikbegriff* hilfreich (Massing 2021, 35). Dabei versteht der enge Politikbegriff Politik in erster Linie als das Aushandeln von allgemeinverbindlichen Regeln in Form der Gesetzgebung und damit vor allem als Aufgabe staatlicher Institutionen, wie es v.a. Parlamente, Regierungen und Parteien sind. Nach Greven spricht man also von einem engen Politikbegriff, wenn Politik als Regierungshandeln identifiziert, die Zentralisierung und Hierarchisierung politischer Entscheidungen herausgestellt und das politische System als zentrale Schaltstelle der Gesellschaft begriffen wird (Greven 2009, 91).Der weite Politikbegriff hingegen verwirft die Vorstellung von Politik als *Einbahnstraße von oben nach unten* und betont stattdessen die Einflussnahme der Zivilgesellschaft auf den Austausch und das Aushandeln von Interessen zur Bildung allgemeingültiger Regeln des Zusammenlebens. So richtet sich sein Augenmerk stärker auf die Verflechtung von Politik und Gesellschaft und interessiert sich auch für gesellschaftliche Subsysteme wie Familie, Schule oder Verein als politische Phänomene zweiter Ordnung. Nach Beck sind die Grenzen zwischen Politik und Nichtpolitik also fließend, „Alltagspolitik" steht dem staatlichen Politikbegriff entgegen (Beck u. a. 1999, 11 f.).

### Definition für den Anfangspolitikunterricht

Im Anfangspolitikunterricht lässt sich gut mit der folgenden Definition von Politik arbeiten:

> Politik stellt allgemeingültige Regeln für ein gutes Zusammenleben auf. Alle Menschen, die öffentlich ihre Interessen vertreten und sich an dem gemeinsamen Aushandeln dieser Regeln beteiligen, machen Politik.

Oder noch knapper und prägnanter formuliert:

> Politik ist die Antwort auf die Frage: Wie wollen wir zusammenleben?

### Ziele, Ebenen und Felder von Politik

Da die Vorstellung, was ein *gutes Zusammenleben* ausmacht, sehr unterschiedlich ausfällt, lässt sich Politik nicht auf ein einziges Ziel festlegen. Dennoch lassen sich mit Nitschke (Nitschke 2020, 15) vor allem die folgenden Faktoren als zentrale Ziele von Politik bestimmen: Ordnung – Sicherheit – Wohlstand – Frieden – Freiheit – Partizipation – Unterordnung – Durchsetzung von Recht – Machterlangung – Gerechtigkeit. Die jeweilige Gewichtung dieser Faktoren prägt dann das konkrete politische Handeln aller Akteur:innen. Diese agieren auf verschiedenen Ebenen – kommunal, regional, national, supranational, international – und in unterschiedlichen Politikfeldern – z. B. der Bildungspolitik, der Umweltpolitik, der Verkehrspolitik, der Sozialpolitik, der Finanzpolitik, der Wirtschaftspolitik oder der Innen- bzw. der Außenpolitik.

Politik ist also geprägt von multidimensionalen und komplexen Zusammenhängen, wobei sowohl die Ebenen als auch die Politikfelder stets miteinander verwoben und zur Lösung politischer Probleme auf Zusammenarbeit angewiesen sind.

### Die drei Dimensionen des Politischen

Die zeitgenössische, empirisch-analytische Politikwissenschaft arbeitet in der Regel mit dem Politikbegriff der *Drei Dimensionen des Politischen*, um Politik zu untersuchen. Unter Verwendung der drei englischsprachigen Begriffe *polity*, *policy* und *politics* unterscheidet es die institutionelle, von der inhaltlichen und der prozessualen Ebene von Politik. Da sich dieses Analyseverfahren – neben anderen – auch für Lehrkräfte zur strukturierten fachlichen Einarbeitung in neue Unterrichtsgegenstände bewährt, wird es an späterer Stelle (vgl. S. 69) vorgestellt.

Als weiterführende Literatur für die Lehrkraft bieten sich an:

- Meyer, Thomas (2010): Was ist Politik?. Wiesbaden. (wissenschaftlich)
- Wagner, Wolf (2006): Wie Politik funktioniert. München. (populärwissenschaftlich)

Für die Annäherung an den Politikbegriff mit Lernenden im Anfangsunterricht sind folgende Unterrichtsmaterialien hilfreich:

- MESH Collective (2014): Was ist Politik?//Explain Brain [YouTube-Video], online unter: https://www.youtube.com/watch?v=gfv-ADIltm4 (8.6.2022)
- über UNS (2018): *Was ist Politik?* [YouTube -Video, online unter: https://www.youtube.com/watch?v=NczXTXDIJtc (8.6.2022)
- Bundeszentrale für politische Bildung (2020): Politik für Einsteiger*innen. Bonn.
- Bundeszentrale für politische Bildung (2019): Logbuch Politik. Bonn.

## Kinder und Politik – kein Widerspruch!

Politik sei abstrakt und kompliziert, sie fände weit entfernt von Kindern – in Berlin, Brüssel, Washington oder Moskau – statt und käme daher in der Welt von Kindern nicht vor – so das Alltagsverständnis vieler Erwachsener mit Blick auf die Beziehung von Kindern zur Politik. Politik erscheint in dieser Sichtweise für Kinder weder relevant, noch verständlich, geschweige denn interessant zu sein. Warum sollte es dann Politikunterricht für Kinder geben?

Politikdidaktische Forschungen werfen seit rund 15 Jahren einen gänzlich anderen Blick auf die Beziehung zwischen Kindern und Politik. So ist die Forderung nach „Politische[r] Bildung von Anfang an" (Richter 2007) nicht nur normativ gesetzt, sondern inzwischen auch empirisch fundiert. Nachdem die politische Sozialisationsforschung Kinder zugunsten der Fokussierung auf Jugendliche lange Zeit vernachlässigte, hat sich inzwischen – vor allem dank empirischer Studien der Forschungsgruppe um van Deth u.a. (2007) sowie von Götzmann (2015) – die Auffassung durchgesetzt, „dass Kinder politisch keine unbeschriebenen Blätter sind“ (Abendschön 2010, 105) und „Kinder und Politik […] offensichtlich viel besser zusammen [passen] als immer wieder behauptet wird“ (van Deth u.a. 2007, 8). Götzmann bilanziert: „Die Frage, ob Kinder und Politik zusammenpassen, wird in Wissenschaft und Forschung heute wieder ganz eindeutig mit Ja beantwortet“ (Götzmann 2015, 7).

Die Auseinandersetzung mit Politik beginnt bereits im Kindesalter und politische Bildung sollte ebenso in dieser Zeit starten, bzw. an die Ausbildung demokratischer Handlungskompetenzen im Elementarbereich anschließen[1]. Zur Untermauerung dieser These sollen die folgenden Anschlussfragen – soweit möglich unterfüttert anhand empirischer Daten – beantwortet werden:

- Inwiefern betrifft Politik Kinder?
- Inwieweit nehmen Kinder Politik wahr und interessieren sich für diese?
- Welches Verständnis von Politik entwickeln Kinder?
- Wer oder was beeinflusst die politische Sozialisation von Kindern?

### Inwiefern betrifft Politik Kinder?

- Wo und unter welchen Umständen wird ein Kind geboren? In einem Krankenhaus, zuhause oder auf der Flucht?
- Von wem und unter welchen Bedingungen wird das Kind in seinen ersten Lebensjahren betreut? Von vielen Mitgliedern seines Dorfes, in der Kernfamilie von Eltern oder Angehörigen, in einer staatlichen oder privaten Kinderbetreuung oder gar nicht?
- Ab wann und unter welchen Bedingungen beginnt sein formales Lernen? Im Kindergarten, in der Vorschule, in der Grundschule, zusammen mit 6 oder mit 26 anderen Kindern, halbtags oder ganztags, separiert, integrativ oder inklusiv?
- Werden heutige Kinder in einer Umwelt groß, die klimatisch der jetzigen ähnelt, oder werden sie unter gänzlich anderen klimatischen Bedingungen und deren Auswirkungen aufwachsen und leben?

1 Zur Demokratiebildung im Elementarbereich vgl. z.B. Durand/Winklhofer (2018), Richter/Lehmann/Sturzenhecker (2017), Hansen/Knauer (2017) und Eberlein/Durand/Birnbacher (2021).

Unabhängig davon, wie wir diese Fragen für ein einzelnes Kind beantworten, sicher ist, dass politische Entscheidungen stets einen maßgeblichen Einfluss auf die Lebensbedingungen aller Kinder haben. So machen die vier genannten Beispiele, die leicht fortgesetzt werden könnten, deutlich, dass das Leben eines Kindes selbstverständlich und permanent von politischen Entscheidungen beeinflusst wird. Und dies geschieht völlig unabhängig davon, ob sich die Betroffenen dessen bewusst sind oder nicht, ungeachtet dessen, ob sie auf politische Entscheidungen Einfluss nehmen können oder wollen, ob sie ihre demokratischen Teilhabemöglichkeiten also wahrnehmen oder nicht:

> „Mittlerweile ist allgemein anerkannt, dass das Politische für Kinder relevant ist: Kinder sind Mitglieder der Gesellschaft, d.h. Einwohner ihrer Kommune oder Stadt, Angehörige ihres Kindergartens oder ihrer Schule, ihrer Familie, vielleicht auch ihres Sportvereins etc. Das Politische ist für sie präsent." (Richter 2007,10)

Die Tatsache, dass Kinder also selbst, genau wie Jugendliche und Erwachsene, unmittelbar von politischen Entscheidungen betroffen sind, fordert die Anschlussfrage heraus, wie es mit dem Interesse von Kindern an der sie umgebenden und ihr Leben mitprägenden Politik bestellt ist.

**Inwieweit nehmen Kinder Politik wahr und interessieren sich für sie?**
Richter konstatiert das Interesse von Kindern an Politik:

> „Kinder sind vielfach interessiert. Es gibt für sie vieles zu erkunden. Sie hören und sehen viele verschiedene Dinge durch die Medien oder durch Gespräche und versuchen sie zu verstehen. Kinder sind aktiv. Sie kommunizieren und interagieren in vielfältiger Weise mit verschiedenen Personen. Sie möchten mitreden und sich an den Ereignissen beteiligen, denen sie (real oder medial) begegnen. Dazu gehören auch politische Ereignisse." (Richter 2007, 10)

Und auch Götzmann bekräftigt, dass Kinder „eben nicht in einer politikfreien Welt leben" (Götzmann 2015, 87).

Sicher können viele Lehrkräfte diese Einschätzungen aus eigenen Erfahrungen unterstützen. Leider ist allerdings „die Forschungslage im Bereich der politischen Bildung und Sozialisation speziell für das Grundschulalter sehr schwach" (Brügelmann 2020,11). Seit ihrem Höhepunkt in den 1970er Jahren hat sich die politische Sozialisationsforschung vornehmlich auf das Jugendalter konzentriert (van Deth 2005). Daher gibt es zwar regelmäßig Studien zum Thema Jugendliche und Politik, wie seit 1953 die *Shell Jugendstudien* (Shell Jugendstudie 2019), die *Trendjugendstudien* des Deutschen Jugendinstituts (Gille 2016) oder die *Internationale Studie zur zivilgesellschaftlichen und politischen Bildung ICCS* (Abs/Hahn-Laudenberg 2017). Empirische Untersuchungen zum Themenfeld *Kinder und Politik* existieren hingegen leider nur wenige[2]:

> „Solche Jugendstudien setzen aber zu einem relativ späten Zeitpunkt im Leben der Menschen ein und vernachlässigen so, dass entscheidende Impulse zur Entwicklung demokratischer Persönlichkeiten sehr viel früher stattfinden. Außerdem werden auf diese Weise junge Kinder ausschließlich als Objekte des politischen Systems betrachtet und nicht als selbstständig Beteiligte mit eigenen Rechten und Ansprüchen." (van Deth u.a. 2007, 11)

Das von 2000 bis 2010 durchgeführte Projekt unter der Leitung van Deths *Demokratie Leben Lernen (DLL)*, die seit 2007 regelmäßig erhobene *World Vision Kinderstudie,* die seit 1999 umgesetzte *KIM-Studie (Kindheit, Internet, Medien)* sowie die Untersuchung von Götzmann (2015) bilden dabei die für unsere Fragestellungen hilfreichen Ausnahmen[3].

Das Projekt *Demokratie Leben Lernen (DLL)* der Forscher:innengruppe um van Deth, welches 750 Mannheimer Grundschüler:innen am Anfang und am Ende des ersten sowie am Ende des vierten Schuljahrs nach ihren politischen Kenntnissen, Fähigkeiten und Einstellungen befragte, gelangt nach Einschätzung der Projektverantwortlichen zu dem allgemeinen Schluss, Kinder in Bezug auf Politik nicht zu unterschätzen:

> „Im Hinblick auf den schwierigen und abstrakten Charakter politischer Auseinandersetzungen wird Kindern meist die Fähigkeit abgesprochen, sich mit Politik zu beschäftigen. Doch dieses Vorurteil unterschätzt Kinder in ihrer Neugier, Dinge erfassen, einordnen und verstehen zu wollen. Die Ergebnisse des Projekts „Demokratie Leben Lernen" belegen, dass Kinder bereits in

2 Überblick über den Forschungsstand bis 2010 siehe Abendschön (2010, 101), Forschungsstand bis 2015 siehe Götzmann (2015, 8–9), Forschungsstand bis 2020 siehe Brügelmann (2020).

3 Eine Untersuchung, welche den für unsere Fragestellung wichtigen Übergang von der Grundschule in die weiterführenden Schulen untersucht, fehlt leider weiterhin (van Deth u.a. 2007, 220).

sehr jungem Alter die politische Umwelt wahrnehmen, sich für politische Themen und Probleme interessieren und auch über ein gewisses politisches Wissen verfügen.“ (Tausenpfund 2008, 44)

Konkreter weist die dritte Kinderbefragung der Viertklässler:innen innerhalb dieses Projektes nach,

> „dass Kindern am Ende der Grundschulzeit die zentralen gesellschaftlichen Themen bekannt sind. […] Die meisten Kinder sind aber nicht nur mit politischen Themen vertraut, sie zeigen auch Interesse gegenüber den zentralen gesellschaftlichen Fragen.“ (Tausendpfund 2008, 15)

Bei Gesprächen in der Familie, mit Freund:innen und in der Schule genauso wie durch Medien kämen Kinder mit politischen Themen in Kontakt, so der Autor der Studie. Die Themen *Hunger* (99 %), *Krieg* (99 %) und *Umweltverschmutzung* (98 %) seien nahezu allen Kindern bekannt, knapp die Hälfte aller befragten Kinder hätten von allen sechs erfragten politischen Themen bereits gehört. Das Interesse der Kinder an politischen Themen falle zwar durchgängig geringer aus als ihre Bekanntheit, verzeichne mit Anteilen zwischen knapp einem Viertel (24 % Thema Terrorismus) und gut vier Fünftel (83 % Thema Hunger) z.T. sehr hohe Werte (Tausendpfund 2008, 7).

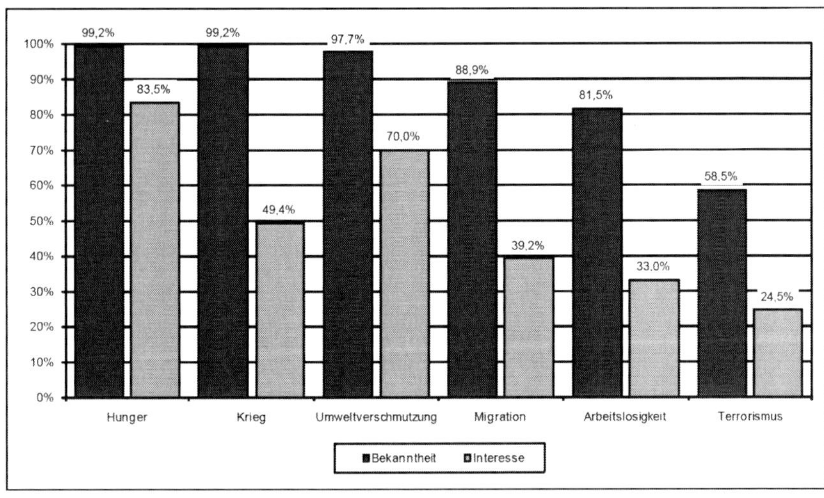


**Abb. 2: Bekanntheit und Interesse an politischen Themen. In: Tausendpfund 2008, 8.**

Selbst die Befragung der Erstklässler:innen innerhalb desselben Projekts (van Deth u.a. 2007) bestätigt auch für noch jüngere Kinder ihr politisches Interesse:

> „Trotz mancher Unterschiede zwischen den Kindern geht aus den Interviews deutlich hervor, dass junge Kinder, unabhängig davon, ob sie vor oder nach dem Schuleintritt stehen, grundsätzlich mit politischen Themen umgehen können. Bereits sehr junge Grundschulkinder verfügen offensichtlich über politische Kenntnisse, Fähigkeiten und Orientierungen. Außerdem zeigen alle Kinder großes Interesse an den Fragen und waren begeistert, dass Erwachsene an ihren ‚kindlichen' Meinungen zu solchen ‚Erwachsenenthemen' interessiert sind." (van Deth u.a. 2007, 22)

So resümiert der Leiter der Studie van Deth:

> „Kinder interessieren sich bereits für Politik und nehmen gerne und (meistens) aufmerksam die Möglichkeit wahr, Erwachsenen ihre Meinungen und Einstellungen zu politischen und gesellschaftlichen Sachverhalten mitzuteilen […]." (van Deth u.a. 2007, 222)

Die *4. World Vision Kinderstudie* (Andresen u.a. 2018), als *kleine Schwester* der Shell Jugendstudien, bestätigt 2018 die Wahrnehmung von Politik bereits im Kindesalter:

> „Kinder in Deutschland nehmen ihre Umwelt sensibel wahr und haben schon ein gutes Gespür für Fragestellungen, die sich darauf beziehen, wie man in unserer Gesellschaft miteinander umgeht. Die Frage ‚Was ist los in unserer Welt?' beschäftigt sie: sei es in Bezug auf die große ‚globale' Welt und auf die Dinge, die dort vorgehen, oder sei es in Bezug auf ihr unmittelbares Lebensumfeld im Alltag." (Andresen u.a. 2018, 1)

Von den in dieser Studie gut 2.500 repräsentativ ausgewählten und befragten Kindern in Deutschland im Alter zwischen 6 und 11 Jahren äußert sich nur knapp ein Fünftel (18 %) der 10- bis 11-Jährigen als *politisch interessiert* (Andresen u.a. 2018, 18). Dennoch zieht die Studie das obige Fazit, welches nachvollziehbar wird, wenn man das Item *Was Kindern Angst macht* herausgreift. Unter den 10- bis 11-Jährigen äußern fast drei Viertel Angst vor einem Terroranschlag (73 %) sowie über die Hälfte Angst vor dem Ausbruch eines Krieges (57 %) und Sorgen um die wachsende Umweltverschmutzung (56 %). Knapp die Hälfte aller Kinder benennt Angst vor zunehmender Ausländerfeindlichkeit (45 %) und noch knapp ein Viertel aller befragten Kinder hat Angst, dass die eigenen Eltern arbeitslos werden (23 %) (Andresen u.a. 2018, 11 und 18).

Es wird also auch in dieser Studie deutlich, dass Kinder keineswegs in einem politikfreien Raum aufwachsen, sondern sie politische Themen sehr wohl wahrnehmen. Gerade die Tatsache, dass sie mit zunehmendem Alter verstärkt politische Themen nennen, wenn sie nach Ängsten gefragt werden, fordert eine Thematisierung dieser Themen mit Kindern und damit ihre Unterstützung heraus.

Auch die *KIM-Studie (Kinder, Internet, Medien)* des Jahres 2021 bekräftigt für mindestens ein Drittel der von ihr befragten Kinder politisches Interesse. Bei rund 1.200 repräsentativ ausgewählten Kindern im Alter zwischen sechs und dreizehn Jahren weist sie bei einem knappen Drittel der Kinder ein *großes Interesse* oder *Interesse* für *Aktuelles, was gerade in der Welt passiert* (31 %) nach. Die weiteren mit Politik assoziierten Items *Fremde Länder* und *Umwelt/Natur* erreichen mit 39 % bzw. 50 % sogar höhere Werte für *großes Interesse* oder *Interesse* (KIM-Studie 2021, 5).

Alle drei Studien belegen also deutlich das politische Interesse auch von Kindern.

## Welches Verständnis von Politik entwickeln Kinder?

Wenn wir also für nahezu alle Kinder in Deutschland die Wahrnehmung von Politik und für viele Interesse an Politik voraussetzen dürfen, stellen sich für die Planung von Politikunterricht in den Klassen 5 bis 7 die Anschlussfragen, welche konkreten Vorstellungen Kinder von Politik haben und wie sie diese verstehen, an welches Vorverständnis Politikunterricht also anknüpfen kann.

Die Entwicklungspsychologie bescheinigt Kindern ab circa sechs Jahren die Fähigkeit, logische Schlüsse zu ziehen und ihren unmittelbaren Lebensbereich zu überblicken. Im Alter von zehn bis zwölf Jahren können sie bereits Strukturen erkennen, in Abstraktionen denken und zwischen Selbst- und Fremdinteressen unterschieden (Eichholz/Schröder 2002), womit wichtige Voraussetzungen für politisches Lernen vorhanden sind.

Selbstverständlich spielen auch kognitive Fähigkeiten im Verständnis von Politik eine wichtige Rolle. So ist ein „starker Zusammenhang zwischen kognitiven Fähigkeiten und politischer Involvierung“ als „Standardbefund der empirischen Politikforschung“ (Tausendpfund 2008, 13) keineswegs erstaunlich.

In ihrer Untersuchung zu *Naiven Theorien zur Politik* kommt Götzmann zu dem Schluss, dass für diese einerseits die Personalisierung bei der Wahrnehmung von Politik und andererseits ein erstes Verständnis des Gemeinwohlkonzeptes charakteristisch seien. Kinder könnten bereits zwischen Einzel- und Gemeinschaftsinteressen unterscheiden und auf dieser Basis Sachverhalte als politische oder individuelle klassifizieren. Daher warnt auch Götzmann vor der Unterschätzung der Kinder: „Es zeigt sich aber auch, dass ihr Wissen bereits differenzierter ist als es Erwachsene und Lehrer/innen erwarten" (Götzmann 2007, 78). Als Ergebnis ihrer eigenen empirischen Forschung betont Götzmann die Bedeutung der Sprachbildung für das politische Lernen, wenn sie herausarbeitet, dass Grundschüler:innen zwar bereits über politisches Wissen verfügen, ihnen die Darstellung von Konzepten – häufig in Ermangelung passender Fachbegriffe – aber deutlich schwerer falle als die Beantwortung geschlossener Fragen (Götzmann 2015, 189).

Neben den entwicklungspsychologischen und kognitiven Voraussetzungen spielen schließlich auch normativ-moralische Grundlagen für ein politisches Verständnis im Kindesalter eine wichtige Rolle, worauf Abendschön in ihrer Analyse der Daten der *DLL-Studie* hinweist:

> „Die vorliegende Studie belegt, dass Heranwachsende nicht erst im Jugendalter über die normativen und moralischen Voraussetzungen verfügen, die für politisches Verständnis und Unterstützung demokratischer Werte nötig sind, sondern dass schon junge Kinder diese demokratischen Kompetenzen aufweisen." (Abendschön 2010, 359–360)

### Wer oder was beeinflusst die politische Sozialisation von Kindern?

Wenn Kinder also offensichtlich nicht in einem politikfreien Raum aufwachsen, sondern sehr wohl politische Themen wahrnehmen, viele Kinder sich auch für diese interessieren und sogar erste naive Theorien zum Verständnis von Politik aufstellen, bleibt die Frage, wer oder was sie in dieser frühen Phase ihrer politischen Sozialisation wie beeinflusst.

Politische Sozialisation lässt sich dabei aus der Perspektive der Kinder als Lernprozess definieren, welcher zur „Herausbildung politisch relevanter Persönlichkeitsmerkmale" führt (Belwe 2005). Aus gesellschaftlicher Perspektive bezeichnet sie das politisch-gesellschaftliche *Mitglied-Werden*. So befähigt sie einerseits zur inhaltlichen *Teilhabe* und andererseits zur prozeduralen *Teilnahme* an Politik, v.a. an politischen Willensbildungs- und Entscheidungsprozessen. Politische Sozialisation erstreckt sich dabei über die gesamte Lebensspanne und münde ideal über (Selbst)Aufklärung und Emanzipation in einer mündigen, aktiven, kritisch-konstruktiven Mitgliedschaft innerhalb des politischen Gemeinwesens (Hurrelmann/Bauer 2020).

Dabei kann sie zwar den immanenten „Widerspruch ihres normativen Anspruches der Befähigung von mündigen Menschen einerseits und der (legitimen) gesellschaftlichen Aufgabe der Qualifikation und Reproduktion von Gesellschaft andererseits nicht auflösen“, allerdings aber tradierte und verinnerlichte Normierungen zumindest offenlegen und sie damit einer möglichen Veränderung zugänglich machen. (BMFSFJ 2020, 117)

Auch wenn politische Sozialisation ein prinzipiell lebenslanger Prozess ist (Sigel 1989), so wird „dem Kindes- und Jugendalter im Prozess der politischen Sozialisation eine besondere Bedeutung beigemessen“ (Watermann 2005). Ausdruck dessen sind vor allem die beiden klassischen Thesen der Sozialisation: die Kristallisations- und die Persistenzthese. Während die Kristallisationsthese davon ausgeht, dass „früh erworbene Einstellungen und Kompetenzen stärker prägend sind als später erworbene“ (van Deth u.a. 2007, 14), spricht die Persistenzthese darüber hinaus „Kenntnisse[n], Fähigkeiten und Orientierungen von Kindern und Jugendlichen“ bestimmenden Einfluss für die Einstellungen der erwachsenen Personen zu (van Deth u.a. 2007, 14):

> „Was man jung lernt, wird später angewandt und was später gemacht wird, hängt von früheren Erfahrungen ab.“ (van Deth u.a. 2007, 15)

Meist werden die Familie, die Schule, die Peergroup und die Medien als die vier *klassischen* Sozialisationsinstanzen benannt:

> „Kindheit ist kein politikfreier Raum und die Lebenswelt von Kindern keineswegs unpolitisch: Die jungen Menschen werden über die Familie, die Schule, die Gleichaltrigengruppe und nicht zuletzt über die Medien direkt oder indirekt mit Politik konfrontiert – und sie sind von politischen Entscheidungen betroffen.“ (Belwe 2005)

Das interaktive politische Sozialisationsmodell Ohlmeiers fasst die Sozialisationsinstanzen genauer als vermittelnde *intermediäre* Verbindung zwischen der *inneren Realität* in der *Persönlichkeit des Kindes* und der *äußeren Realität* der *politisch-gesellschaftlichen Umwelt* auf. Sozialisation ereignet sich dabei in „ständiger Abhängigkeit von und Auseinandersetzung mit der gesellschaftlich und politisch vermittelten, sozialen und dinglich-materiellen Umwelt“, deren Normen, Institutionen und Strukturen dabei stets argumentativ begründbar und prinzipiell in Alternativen gestalt- und veränderbar sein sollten (Ohlmeier 2007, 55–56.).

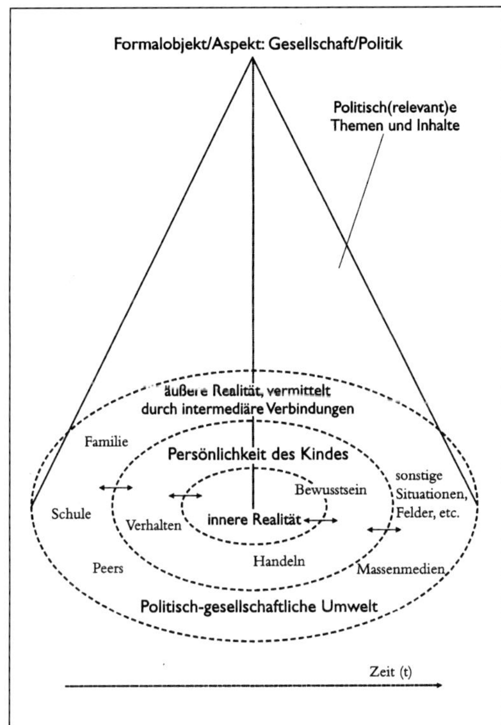


**Abb. 3: Formalobjekt/Aspekt: Gesellschaft/Politik. In: Ohlmeier 2007, 61.**

Auch die *Internationale Studie zur zivilgesellschaftlichen und politischen Bildung* ICCS (Abs/Hahn-Laudenberg 2017) arbeitet mit den bekannten Sozialisationsinstanzen, unterscheidet dabei jedoch den *schulischen* vom *außerschulischen Kontext*[4].

4 In der Darstellung sind *Medien* erstaunlicherweise zwar nicht als Sozialisationsinstanz aufgeführt, im Text (Kapitel 5.3.4) aber sehr wohl.

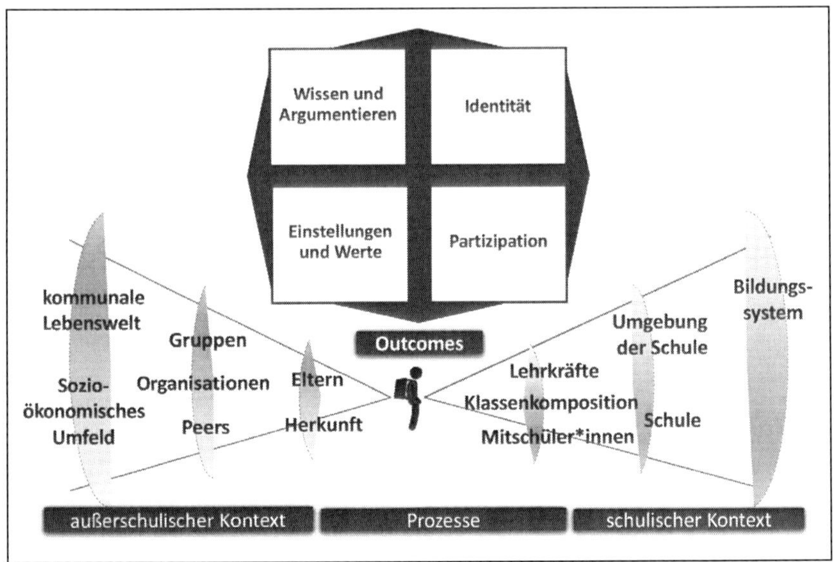


**Abb. 4: Analysemodell ICCS 2016. In: Abs/Hahn-Laudenberg 2017, 22.**

Neben der Bestimmung der Sozialisationsinstanzen ist auch ihre jeweilige Einflussstärke von Interesse, welche allerdings nur schwer empirisch erfassbar ist.

Die Familie galt in der Forschung lange als die bestimmende und daher zentrale *Sozialisationsinstanz erster Ordnung* (Hurrelmann 2002, 127). Harris (1998) stellte diese Vormachtstellung in Frage und schrieb stattdessen den Gleichaltrigen innerhalb der Peergroup einen maßgeblichen Einfluss zu.

Die Auswertung der *DLL*-Daten ergibt allerdings, dass die Familie nicht nur vor Schuleintritt die dominierende politische Sozialisationsinstanz ist, sondern ebenso am Ende des ersten Schuljahrs (Abendschön 2010, 351–352) als auch noch für die befragten Viertklässler:innen. Von ihnen geben knapp 90 % an, mit ihren Eltern über die Dinge zu reden, die auf der Welt passieren, deutlich über die Hälfte aller befragten Kinder (58 %) tut dies auch mit Gleichaltrigen, allerdings nur knapp ein Drittel (28 %) mit seinen Lehrer:innen (Tausenpfund 2008,13).

Zugleich verweist die *DLL-Studie* auch auf die Medien als *zentrale* Sozialisationsinstanz:

> „Medien berichten über politische Ereignisse, vermitteln politikrelevante Informationen und setzen politische Themen. Die meisten Menschen beziehen ihre politischen Informationen fast ausschließlich aus den Medien […].“ (Ebd.)

So stellt die Studie auch für Kinder den positiven Einfluss häufiger Nutzung von Printmedien heraus:

> „Das Lesen von Zeitungen, Zeitschriften und Büchern, häufige gemeinsame Aktivitäten mit den Eltern sowie mit Lehrern und anderen Kindern über „Dinge sprechen, die in der Welt passieren“ fördert nachweisbar das Interesse an gesellschaftlichen Themen.“ (Tausendpfund 2008, 15)

Die *KIM-Studie 2020* ermittelt, dass schon Kindern eine breite Palette an Medien zur Verfügung stehen: So wachsen nahezu alle Kinder zwischen 6 und 13 Jahren mit Fernsehgeräten (100 %), Internet (99 %) und Handys oder Smartphones (99 %) auf, gut vier Fünftel aller Kinder steht außerdem ein Radio (82 %) zur Verfügung (KIM-Studie 2021, 11). Von diesen Medien wird das Internet am stärksten als Informationsmedium gebraucht: Die Hälfte aller Kinder (51 %) nutzt das Internet zur *Information*, KIM-Studie 2021, 36).Auch Wissenssendungen und (Kinder)Nachrichten werden häufig zur Informationsbeschaffung gesehen: Die Hälfte aller 6–7-Jährigen sieht häufiger Wissenssendungen, vor allem *Galileo*, *Die Sendung mit der Maus*, *Wissen macht Ah*, *Löwenzahn* und *logo!*(KIM-Studie 2021,41), je nach Alter zwischen 21 % und 66 % aller Kinder sieht Nachrichtensendungen, vor allem die Kindernachrichten *logo!* und die *Tagesschau*(KIM-Studie 2021, 42).

Die große Bedeutung, die der Schule als politischer Sozialisationsinstanz zukommt, ergibt sich aus der Tatsache, dass sie im Rahmen der Schulpflicht allen Kindern in Deutschland zugänglich ist und Kinder viel Zeit ihres Lebens in ihr verbringen:

> „Es zeigt sich bei einem Vergleich der Wirksamkeit und Erklärungskraft der verschiedenen Faktoren auch, dass die Familie, gefolgt von der Schule, nach wie vor als zentral in ihrem Einfluss gelten kann, auch wenn sie von der Mediennutzung sowie der sozialen Integration des Kindes dabei begleitet wird.“ (Abendschön 2010, 354)

Ob Kinder demokratische Werthaltungen innerhalb der Schule aufnehmen, hängt dabei vor allem von der Lehrperson, den Unterrichtsinhalten sowie den Unterrichtsmerkmalen ab (Abendschön 2010, 352). Schule sollte eine Bildungsinstanz sein, die unterschiedliche Bildungschancen aufgrund sozialer Disparitäten ausgleicht. So konstatiert die Studie *Demokratie Leben Lernen(DLL)*, dass

> „nicht alle gesellschaftlichen Gruppen die gleichen Möglichkeiten [haben], mit Politik in Berührung zu kommen und sich politisches Wissen anzueignen. Kinder nicht-deutscher Herkunft und Schüler, die in sozialschwächeren Stadtteilen wohnen, haben ein geringeres Niveau an politischem Wissen. Dies trifft zum Teil auch auf Mädchen zu." (Tausenpfund 2008, 44)

Gerade, weil Demokratie aber von der politischen Beteiligung aller gesellschaftlicher Gruppen lebt, ergibt sich die Forderung nach früher politischer Bildung innerhalb der Schule:

> „Im Alter von zehn Jahren stehen Kinder an der Schwelle des Übergangs von der Grundschule zur weiterführenden Schule, in der die Weichen für eine aktive Teilnahme am gesellschaftlichen Leben gestellt werden. Sowohl aus bildungs- als auch aus demokratietheoretischen Gründen sollten deshalb alle Kinder die gleichen Chancen haben, sich mit politischen Fragen zu beschäftigen und politisches Wissen zu erwerben." (Ebd.)

### Tipps für den Unterricht – Die Relevanz von Politik an Alltagsbeispielen deutlich machen

Das bereits auf S. 18 empfohlene Erklärvideo *Was ist Politik?* (Online verfügbar unter: https://www.youtube.com/watch?v=gfv-ADIltm4) eignet sich sehr gut dafür, Schüler:innen die Relevanz von Politik in ihrem Alltagsleben erkennen zu lassen.

Die Kindernachrichtensendung logo! (https://www.zdf.de/kinder/logo)-auch als barrierefreie Fassung mit Gebärdensprache oder als Hörfassung – ist ideal für Schüler:innen im Alter um 10 Jahre. In der täglich aktuellen, je 10 Minuten langen Sendung gelingt es mit kurzen Berichten, Erklärfilmen oder Interviews in hervorragender Weise „große und kleine" Politik für Kinder verständlich, interessant und stets kontrovers zu präsentieren und dabei immer die Verbindung zur Lebenswelt der Kinder aufzuzeigen. Außerdem sind Sondersendungen logo! extra zu besonderen Ereignissen wie der Bundestagswahl für den Politikunterricht ebenso von Interesse wie die klar strukturierten logo!-Themenseiten.

Die Kinderzeitschrift Dein Spiegel bezeichnet sich selbst als *Nachrichtenmagazin für junge Leser ab 8 Jahren* und erscheint als „kleiner Bruder" der Zeitschrift *Spiegel* monatlich. In den Rubriken *Politik, Menschen, Wirtschaft, Natur + Technik, Kultur* und *Sport*behandelt sie – stets auf Augenhöhe der Kinder – auch aktuelle gesellschaftspolitische Themen in einer interessanten und motivierenden Form.

## Politische Bildung in der Schule – Bildung über, durch und für Demokratie

Politische Bildung findet als formale oder non-formale Bildung und zudem in zahlreichen Praxisfeldern statt, welche Abb. 5 auf der folgenden Seite im Überblick verdeutlicht. Ein zentrales Praxisfeld politischer Bildung bildet dabei die Schule. In ihr lässt sich politische Bildung auf drei, sich komplementär ergänzenden Ebenen gestalten: im Fachunterricht Politik, als Unterrichtsprinzip aller Fächer sowie als Schul- und Unterrichtskultur (Achour 2020). Auf allen drei Ebenen ist dabei die Mündigkeit aller Lernenden stets ihr übergeordnetes Ziel (vgl. S. 39).

### Politische Bildung im Fachunterricht

Zunächst findet politische Bildung selbstverständlich im Fachunterricht Politik statt: In der Primarstufe ist sie in der sozialwissenschaftlichen Perspektive des Sachunterrichts integriert, welche wiederum politische, ökonomische und soziologische Bildung umfasst (GDSU 2013). In der Sekundarstufe wird der politische Fachunterricht je nach Bundesland und Schulform in unterschiedlichen Jahrgangsstufen, mit einer unterschiedlichen Stundenfrequenz und unter unterschiedlichen Fächerbezeichnungen gestaltet (Gökbudak/Hedtke 2019), welche auch einen je anderen inhaltlichen Zuschnitt widerspiegeln. Als Einzelfach oder integrativ im Fächerverbund Gesellschaftswissenschaften mit Geschichte und Geographie (Forwergk 2022) startet der Fachunterricht Politik in der Sekundarstufe I in wenigen Bundesländern in der Klasse 5, in den meisten Bundesländern erst in der 7. Klasse oder später (BMFSFJ 2020, 201). Und auch die Anzahl der Stunden für politische Bildung innerhalb der Stundentafel differiert stark (Hedtke 2020).

### Politische Bildung als Unterrichtsprinzip aller Fächer

Als Unterrichtsprinzip aller Fächer sollte politische Bildung aber auch im Fachunterricht anderer Fächer seinen Platz finden, und dies sowohl in inhaltlichen Bezügen als auch als demokratische Unterrichtskultur (Achour 2020). Denn einerseits verhandeln alle Fächer immer auch gesellschaftliche und politische Fragestellungen und andererseits weisen aktuelle politische Fragestellungen stets inhaltliche Bezüge zu verschiedenen Fächern auf: So können beispielsweise in Verbindung mit dem Fach Geschichte aktuelle Phänomene in ihrer historischen Entwicklung betrachtet werden (Beispiel: Migration in Vergangenheit und Gegenwart), in Kooperation mit Geographie und naturwissenschaftlichen Fächern

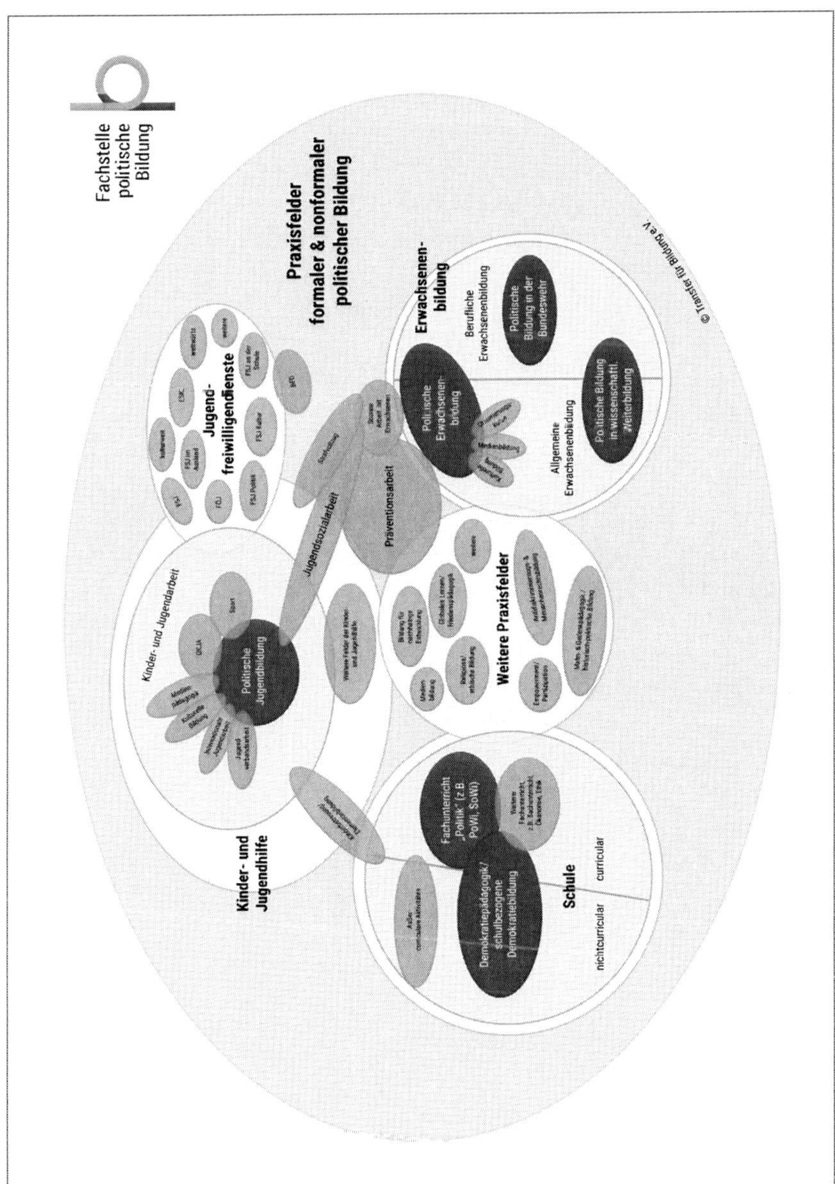


Abb. 5: Praxisfelder formaler und non-formaler politischer Bildung. In: Fachstelle politische Bildung. https://transfer-politischebildung.de/fileadmin/user_upload/Fotos/Transfer material/Topografie-der-PraxispolitischerBildung_Copyright_Transfer-fuer-Bildung-web.jpg (28.6.2022)

grundlegende Kenntnisse zu strittigen Fragen z.B. der Umwelt-, Klima- und Verkehrspolitik verhandelt werden (Beispiele: E-Mobilität, regenerative Energiegewinnung) oder in Zusammenarbeit mit den Fächern Ethik, Philosophie und Religion ethisch-normative Fragestellungen (Beispiele: Impfpflicht, Pränataldiagnostik) bearbeitet werden. Auch mit den sprachlichen und ästhetisch-künstlerischen Fächern gibt es zahlreiche inhaltliche Schnittmengen, wie politisch-gesellschaftliche Landeskunde oder politische Literatur, Kunst, Theater und Musik. So formulieren die Rahmenlehrpläne vieler Bundesländer politische Bildung neben dem fachbezogenen Zuschnitt auch als Querschnittsaufgabe aller Fächer. Ein Beispiel aus dem Berliner Rahmenlehrplan: Hier finden sich als fächerübergreifender Auftrag an **alle** Fächer die Themen *Demokratiebildung*, *Bildung zur Akzeptanz von Vielfalt*, *Europabildung* und *Gleichstellung und Gleichberechtigung der Geschlechter* im Teil B des dreiteiligen Rahmenlehrplans (LISUM 2015b).

Politische Bildung wird sowohl im Fachunterricht als auch als Unterrichtsprinzip aller Fächer in erster Linie verstanden als Bildung **über** Politik, also als vornehmlich kognitiv-verbale Befähigung zur politisch-gesellschaftlichen Teilhabe auf der Basis eines fundierten politischen Konzeptwissens, welches im politischen Urteil und im gesellschaftlichen Handeln seine Anwendung findet (vgl. S. 44).

### Politische Bildung als Unterrichts- und Schulkultur

In Ergänzung dessen versteht sich politische Bildung als Unterrichts- und Schulkultur als erfahrungsbasierte modellhafte Bildung **durch** Demokratie. Schule soll demnach ein Ort gelebter demokratischer Praxis sein und den Lernenden echte Partizipationsmöglichkeiten anbieten (BMFSFJ 2020, 567). Dies geschieht zuallererst in der Ausgestaltung demokratischer Werte wie Kooperation, Aushandlung, Rücksicht und gegenseitigem Respekt, der Achtung von Grund- und Menschenrechten sowie der Anerkennung von Pluralität und Vielfalt. Eine demokratische Unterrichtskultur ermöglicht beispielsweise die Selbststeuerung und Mitgestaltung von Unterrichtsprozessen seitens der Lernenden, fördert die anerkennende, wertschätzende und gewaltfreie Kommunikation zwischen allen Beteiligten, unterstützt soziales Lernen sowie den Abbau von Hierarchien innerhalb der Institution Schule. Indem Schulen möglichst vielgestaltige, authentische Partizipationsräume eröffnen, zu ihrer Gestaltung ermutigen und die gemachten Erfahrungen mit den Lernenden reflektieren, ermöglichen sie ihnen demokratisches Handeln in der unmittelbaren Unterrichts- und Schulpraxis. Partizipation im Lebensraum Schule kann seinen Ausdruck finden z.B.

- in der Gestaltung eines gemeinschaftlichen Schullebens (z. B. bei Festen, Ausflügen oder Veranstaltungen),
- als Mitbestimmung in Schulgremien (z. B. im Klassenrat, in der Schüler:innen-Vertretung oder in Fach- und Schulkonferenzen),
- als Öffnung von Schule und Verantwortungsübernahme gegenüber der sie umgebenden Gesellschaft (z. B. im Lernen durch Engagement/“Service learning“),
- als Institutionalisierung regelgebundener Diskussionskultur (z. B. Talkshow oder Pro-Contra-Debatte, *Jugend debattiert*) oder
- als konstruktive Konfliktbearbeitung (z. B. Gewaltfreie Kommunikation, Streitschlichter, Mediation) (Henkenborg 2014).

Die Forderung nach einer stärkeren Partizipationskultur von Kindern und Jugendlichen erfährt bereits seit den 1990er Jahren auch im Rahmen der Menschenrechtsdebatte wesentliche Unterstützung. Die 1989 verabschiedete UN-Kinderrechtskonvention ist dabei der entscheidende völkerrechtlich gültige Markstein. Sie verpflichtet die unterzeichnenden Staaten, seit 1992 auch Deutschland, zu Schutz, Förderung und Beteiligung der Kinder. So nimmt sie Kinder nicht mehr nur als „kleine Bürger in Ausbildung“ (van Deth 2005) also als „zukünftige Bürger“ wahr, sondern vor allem „als junge Bürger der jetzigen Gesellschaft mit klaren Interessen an jetziger Beteiligung“ (van Deth u. a. 2007, 17) und vollzieht damit den „Paradigmenwechsel von der Objektstellung zur Subjektstellung des Kindes“ (Eichholz/Schröder 2002, 2). Die 4. World Vision Kinderstudie weist allerdings darauf hin, dass die tatsächlichen Mitbestimmungsmöglichkeiten in Schulen dem Anspruch noch nicht ausreichend gerecht werden, sondern weiterhin „auf niedrigem Niveau“ verharren, wobei älteren Schüler:innen an Ganztagsschulen mehr Mitsprache gewährt werde (Andresen u. a. 2018, 92).

### Politische Bildung als Bildung über, durch und für Demokratie

Bildung **für** Demokratie basiert schließlich auf der Bildung **über** und **durch** Demokratie. Das Wissen um die Grundlagen, aber auch Gefährdungen der Demokratie und positive Partizipationserfahrungen stärken die Selbstwirksamkeit der Lernenden und öffnen sie für demokratisches Engagement.

Im Rahmen ihres allgemeinen Bildungsauftrags sind alle Schulen per Schulgesetz, in einigen Bundesländern sogar per Landesverfassung, aufgefordert, die Haltung junger Menschen für Menschenrechte und Demokratie und gegen jegliche Ideologien der Ungleichwertigkeit zu fördern. In eben diesem Sinne kennzeichnet auch der 2018 von der Kultusministerkonferenz vorgelegte Beschluss *Demokratie als Ziel, Gegenstand und Praxis historisch-politischer Bildung und Erziehung in der Schule* (KMK 2018) Schule als einen „Ort gelebter Demokratie“ (KMK 2018,4) und betont die Wichtigkeit einer demokratischen Schul- und Unterrichtsentwicklung:

> „Ziel der Schule ist es daher, das erforderliche Wissen zu vermitteln, Werthaltungen und Teilhabe zu fördern sowie zur Übernahme von Verantwortung und Engagement in Staat und Gesellschaft zu ermutigen und zu befähigen. Es ist ihre Aufgabe, entsprechende Lerngelegenheiten in unterrichtlichen und außerunterrichtlichen Handlungs- und Anforderungssituationen zu organisieren. Die gelebte Demokratie muss ein grundlegendes Qualitätsmerkmal unserer Schulen sein. Ausdiesen Zusammenhängen ergibt sich eine demokratische Schul- und Unterrichtsentwicklung als Querschnittsaufgabe.“ (Ebd.)

Der Titel des Beschlusses greift die dreiteilige Grundidee politischer Bildung bezogen auf Demokratie – das Lernen für, über und durch Demokratie – in seiner Formulierung *Demokratie als Ziel, Gegenstand und Praxis* auf.

Damit reflektiert er auch Himmelmanns Unterscheidung von *Demokratie als Lebens-, Gesellschafts- und Herrschaftsform* (Himmelmann 2007). *Demokratie als Lebensform* bezeichnet demnach die pädagogische Perspektive der „Alltags-Demokratie“ in ihrem „alltäglichen Vollzug“ auf der „Mikroebene“ (Himmelmann 2002, 29), welche sich nicht in „Belehrung“, sondern in konkreten „Erfahrungen“ mit Demokratie in zwischenmenschlichen Verhaltensweisen und Gruppenaktivitäten der Familie, Klasse und Schule verwirklicht. Demokratie wird hier gekennzeichnet als „sozial-kooperative, d.h. Verantwortung einübende sowie auf Gewaltverzicht und Toleranz beruhende Lebensform“ (Himmelmann 2002, 32). *Demokratie als Lebensform* vollzieht also politisches Lernen **in** Demokratie und versteht sich sowohl als Grundlage demokratischer Gesellschaften als auch als personale, soziale und moralische Voraussetzung für politisches Engagement in der Demokratie.

*Demokratie als Gesellschaftsform* bezieht sich nach Himmelmann aus soziologischer Perspektive auf die tatsächliche Verankerung der Staats- und Regierungsform der Demokratie innerhalb einer Gesellschaft, ohne die das politisch demokratische System nicht funktionsfähig wäre. Sie beweise sich in „gesellschaftlichem Pluralismus“, in einer autonomen „Konfliktregulierung“, einem

„fairen Syste[m] von (sozialer) Marktwirtschaft", „einer freien und vielfältigen Öffentlichkeit" sowie einem „breiten bürgerschaftlichen Engagement" (Himmelmann 2002, 28). Lernen für Demokratie zielt also auf die Befähigung junger Mensch an der *Gesellschaftsform Demokratie* aktiv teilhaben zu können und zu wollen.

*Demokratie als Herrschaftsform* meint schließlich die Staatsform der Demokratie, welche sich laut Himmelmann aus politikwissenschaftlicher Sichtweise durch die „Anerkennung der Menschen- und Bürgerrechte, auf Volkssouveränität, auf Kontrolle der Macht und auf Gewaltenteilung, auf Repräsentation und Parlamentarismus, auf fairem Parteienwettbewerb und Gewährleistung einer fairen sozialen Sicherung für die Menschen" beruhe (Ebd., 27).

Himmelmann weist das Lernen von Demokratie in seinen drei Ausprägungen als Lebens-, Gesellschafts- und Herrschaftsform grundsätzlich allen Schulstufen gemeinsam zu, setzt aber je nach Alter der Lernenden verschiedene Schwerpunkte. So ordnet er der Grundschule schwerpunktmäßig *Demokratie als Lebensform*, der Sekundarstufe I *Demokratie als Gesellschaftsform* und der Sekundarstufe II *Demokratie als Herrschaftsform* zu.

Die Sachverständigenkommission des 16. Kinder- und Jugendberichts, der sich mit der *Förderung demokratischer Bildung im Kindes- und Jugendalter* befasst, weist auf die Vielfalt verwandter Konzeptionen im Feld der politischen Bildung hin und schließt sich in ihrer „Arbeitsdefinition Politische Bildung als Demokratiebildung" (BMFSFJ 2020, 128) sowohl dem KMK-Beschluss von 2018 als auch der 2010 vom Europarat verabschiedeten *Charta zur Politischen Bildung und Menschenrechtsbildung* an:

> „Im Sinne dieser Charta bedeutet […] ‚Politische Bildung' (Education for Democratic Citizenship) Bildung, Ausbildung, Bewusstseinsbildung, Information, Praktiken und Aktivitäten, deren Ziel es ist, Lernende durch die Vermittlung von Wissen, Kompetenzen und Verständnis sowie der Entwicklung ihrer Einstellungen und ihres Verhaltens zu befähigen, ihre demokratischen Rechte und Pflichten in der Gesellschaft wahrzunehmen und zu verteidigen, den Wert von Vielfalt zu schätzen und im demokratischen Leben eine aktive Rolle zu übernehmen, in der Absicht, Demokratie und Rechtsstaatlichkeit zu fördern und zu bewahren." (Charta des Europarates CM/Rec (2010)7, I, 2)

Schließlich mündet die Arbeitsdefinition des Berichts in dem wiederum dreiteiligen Verständnis von politischer Bildung als Demokratiebildung in den drei Schwerpunkten: Demokratie als Bildungsgegenstand, als Bildungsstruktur und als Erfahrung (BMFSFJ 2020, 129).

Das Schaubild stellt gebündelt das auch in diesem Band zugrunde gelegte Verständnis von schulischer politischer Bildung als Lernen durch, für und über Demokratie dar:

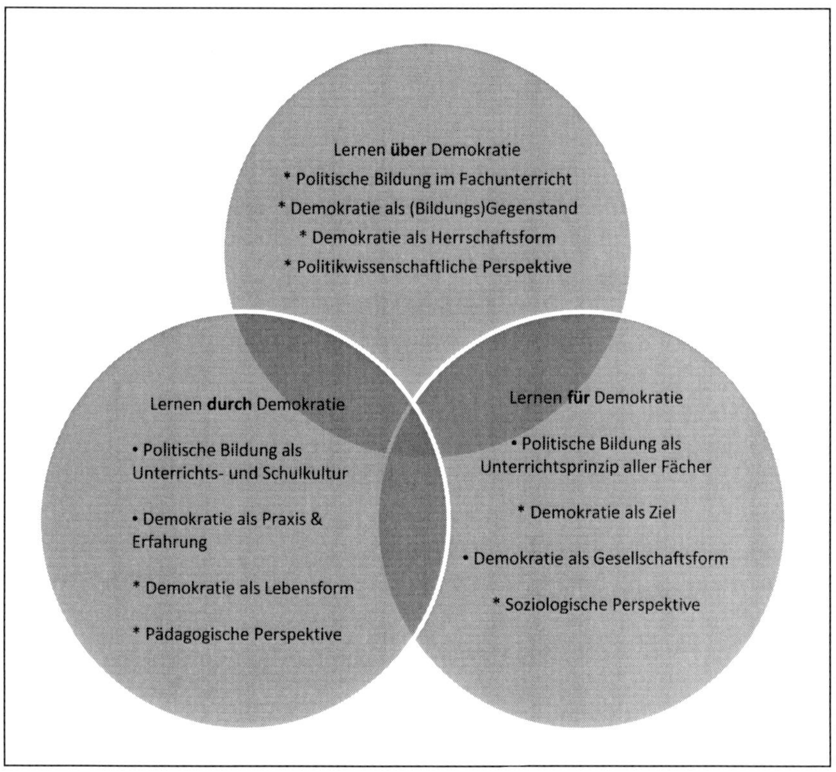


**Abb. 6: Schulische politische Bildung als Bildung über, durch und für Demokratie. Eigene Darstellung.**

**Weiterführende Literaturhinweise für die Lehrkraft:**

- Achour u. a. (Hg.) (2020): Wörterbuch Politikunterricht. Frankfurt/M.
- Beutel u. a. (Hg.) (2022): Handbuch Demokratiepädagogik. Frankfurt/M.
- BMFSFJ (2020): Bundesministerium für Familie, Senioren, Frauen und Jugend: 16. Kinder- und Jugendbericht, Förderung demokratischer Bildung im Kindes- und Jugendalter. Drucksache des Deutschen Bundestages. Berlin.
- Himmelmann (2007): Demokratie Lernen als Lebens-, Gesellschafts- und Herrschaftsform. Schwalbach/Ts.
- Kost/Massing/Reiser (Hg.) (2020): Handbuch Demokratie. Frankfurt/M.
- Massing (2021): Politische Bildung in der Bundesrepublik. Frankfurt/M.
- Achour u. a. (Hg.) (2021): Wochenschau-Sonderheft – Demokratiebildung. Frankfurt/M.

**Unterrichtstipp zum Thema Demokratische Unterrichts- und Schulkultur:**

- Logo! extra – Sendung (30 Minuten) vom 25.9.2019 zum Thema Mitbestimmung in der Schule, online verfügbar unter: https://www.zdf.de/kinder/logo/logo-extra-schule-100.html (23.6.2022)

## Kompetenzen im Fachunterricht Politik

Als wichtige fachdidaktische Voraussetzung für die Planung von Politikunterricht gilt es zu klären, wie politische Bildung als Fachunterricht gestaltet werden sollte, damit es seinen Beitrag zur Bildung *über, durch und für Demokratie* leisten kann. Dazu ist der Blick auf den Kernbegriff *Politische Mündigkeit* und auf politische Kompetenzen zentral.

### Politische Mündigkeit

Politische Mündigkeit ist für politische Bildung in Deutschland seit ihrer Entstehung ab 1945 (Massing 2021) im Rahmen der US-amerikanischen Re-Education-Programme das übergeordnete Ziel, unabhängig davon in welchen Praxisfeldern und mit welchen Teilnehmenden sie stattfindet. Sie ist also auch für die schulische politische Bildung die übergeordnete Zielperspektive. So formuliert die Gesellschaft für Politikdidaktik und politische Jugend- und Erwachsenenbildung (GPJE):

> „In einer Demokratie gehört es zu den Bildungsaufgaben der Schule, alle Menschen zur Teilnahme am öffentlichen Leben zu befähigen. Durch politische Bildung fördert die Schule bei jungen Menschen die Fähigkeit, sich in der modernen Wirtschaft und Gesellschaft angemessen zu orientieren, auf einer demokratischen Grundlage politische Fragen und Probleme kompetent zu beurteilen und sich in öffentlichen Angelegenheiten zu engagieren. Sie leistet damit einen wichtigen Beitrag zur stets neu zu schaffenden Demokratiefähigkeit junger Menschen. Zusammenfassend lässt sich diese Zielperspektive politischer Bildung als Entwicklung politischer Mündigkeit bezeichnen." (GPJE 2004, 9)

Politische Mündigkeit wird hier beschrieben als wesentlicher Beitrag zu personaler Demokratiefähigkeit, welche in der Entwicklung junger Menschen nicht als per se vorhanden vorausgesetzt, sondern als stets neu zu entwickelnde Fähigkeit betrachtet wird. Die Ausbildung von Demokratiefähigkeit als Befähigung zur gesellschaftlichen Teilhabe und Teilnahme aller Menschen wird der Schule als Bildungsaufgabe zugeordnet. Politische Mündigkeit firmiert als normativer Oberbegriff, welcher die Kompetenzen Orientierung, Urteil und Engagement subsumiert.

Auf diesen Dreischritt verständigt sich ähnlich auch die Autorengruppe Fachdidaktik:

> „Politische Bildung basiert auf der Mündigkeit des Menschen und fördert die Urteilskraft des demokratischen Souveräns. Sie verbessert die Orientierungsfähigkeit in der sozialen Welt. Sie entwickelt die Urteils- und Kritikfähigkeit gegenüber gesellschaftlichen Phänomenen. Sie befördert die Kompetenzen zur politischen Partizipation und zum bürgerschaftlichen Engagement." (Autorengruppe Fachdidaktik 2016, 7)

Im Vergleich zur Definition der GPJE fällt die Erweiterung der Urteilsfähigkeit um die Kritikfähigkeit und die Verknüpfung des bürgerschaftlichen Engagements mit politischer Partizipation auf, womit sich bei vergleichbarer Grundaussage eine stärker kritisch-partizipative Bürger:innenrolle erkennen lässt. Diese Tendenz formuliert noch deutlicher das Konzept der Citizenship Education:

> „Mündige Bürgerinnen und Bürger sind nicht nur in der Lage, sich in bestehende politische, ökonomische, gesellschaftliche Systeme einzugliedern und zu funktionieren, sondern auch Herrschafts- und Machtstrukturen zu analysieren, sich ein kritisch-reflektiertes Urteil zu bilden und mögliche Handlungsstrategien zu kennen, um selbst aktiv politische Prozesse nachhaltig beeinflussen zu können." (Kenner/Lange 2018, 9)

### Debatte um politische Kompetenzen

Politische Mündigkeit lässt sich über politische Kompetenzen anbahnen, ausbilden und stärken. Im Zuge des Paradigmenwechsels der deutschen Bildungspolitik von der Input- zur Output-Orientierung beginnt auch in der Politikdidaktik die Debatte um Kompetenzen und Kompetenzmodelle (Massing2020, 21). Meist werden dabei im Anschluss an Weinert Kompetenzen definiert als „die bei Individuen verfügbaren oder durch sie erlernbaren kognitiven Fähigkeiten und Fertigkeiten, um bestimmte Probleme zu lösen, sowie die damit verbundenen motivationalen, volitionalen und sozialen Bereitschaften und Fähigkeiten, um die Problemlösung in variablen Situationen erfolgreich und verantwortungsvoll nutzen zu können" (Weinert 2001, 27). Von den verschiedenen politikdidaktischen Kompetenz-Modellen sind drei besonders prägend: Das 2004 von der Gesellschaft für Politikdidaktik und politische Jugend- und Erwachsenenbildung (GPJE) entworfene Modell, das ebenso 2004 konzipierte Modell der Fachgruppe Sozialwissenschaften sowie das Politikkompetenzmodell von Detjen u.a. aus dem Jahre 2012 (Hameister 2020).

Alle drei Modelle berücksichtigen Urteil und Handeln als Kernkompetenzen, die Analysekompetenz wird nur von der Fachgruppe Sozialwissenschaften als solche benannt, ist in den beiden anderen Modellen allerdings subsumiert. Zwei Modelle beziehen (Konzept- bzw. Fach-)Wissen als Voraussetzung für Kompetenzen mit ein und jedes Modell führt schließlich noch ein je eigenes Spezifikum (Methode, Perspektivübernahme bzw. Einstellung/Motivation) mit an.

| | **GPJE 2004** | **Fachgruppe Sozialwissenschaften 2004** | **Detjen (u. a.) 2012** |
|---|---|---|---|
| **Urteil** | Politische Urteilfähigkeit = politische, wirtschaftliche und gesellschaftliche Probleme unter Sach- und Wertaspekten analysieren und beurteilen | Politische Urteilsbildung | Politische Urteilsfähigkeit – fünf Urteilsarten – Feststellungs-, Erweiterungs-, Wert-, Entscheidungs- und Gestaltungsurteil |
| **Analyse** | (unter Urteilsfähigkeit subsumiert) | Sozialwissenschaftliche Analysefähigkeit = soziales, wirtschaftliches und politisches Handeln als Ergebnis struktureller Bedingungen und institutioneller Ordnungen verstehen | (Kompetenzfacette von Fachwissen, Urteils- und Handlungskompetenz) |
| **Handeln** | Politische Handlungsfähigkeit = Überzeugungen vertreten, Aushandlungsprozesse führen, Kompromisse schließen | Handlungskompetenz = Partizipations- und Konfliktfähigkeit | Politische Handlungsfähigkeit = Partizipation und Kommunikation: artikulieren, argumentieren, verhandeln, entscheiden |
| **Wissen** | Konzeptuelles Deutungswissen | | Fachwissen = drei Basiskonzepte + zahlreiche Fachkonzepte |
| **Sonstiges** | Methodische Fähigkeiten = selbstständige Informationsrecherche und – verarbeitung | Perspektivübernahme = Identifikation und Übernahme von nicht-eigenen Perspektiven | Politische Einstellung und Motivation |

**Abb. 7: Drei Kompetenzmodell im Vergleich. Eigene Darstellung.**

Für die Unterrichtsplanung der Lehrkräfte letztlich bindend sind die in den bundesländer- und schulformspezifischen Lehrplänen aufgeführten Kompetenzen, die in der Regel auf einem dieser drei Modelle basieren.

Im Folgenden wird das Modell von Detjen u.a. (2012) genauer vorgestellt, da die Autorin nach Maßgabe der Berliner Rahmenlehrpläne arbeitet, welche sich an dieses Modell anlehnen. Auch der für den Sachunterricht in den Grundschulen bundesländerübergreifend maßgebliche *Perspektivrahmen Sachunterricht*

(GDSU 2013) orientiert sich in seinen auf politische Bildung bezogenen Aspekten an eben diesem Kompetenzmodell (Goll 2020).

Politikkompetenz setzt sich nach Detjen u.a. (2012) aus vier Dimensionen zusammen, die wechselseitig aufeinander bezogen sind: das *Fachwissen*, die *Politische Urteilsfähigkeit*, die *Politische Handlungsfähigkeit* sowie *Politische Einstellungen und Motivation*.

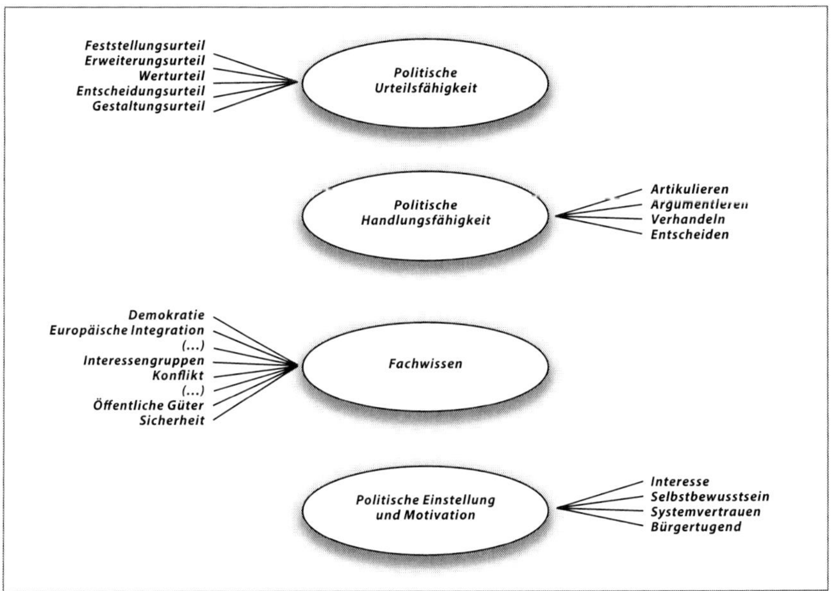


**Abb. 8: Modell der Politikkompetenz. In: Detjen u.a. 2012, 15.**

## Politische Urteilsfähigkeit

Die politische Urteilsfähigkeit ist die anspruchsvollste politische Kompetenz und gilt deshalb auch als ihre *Königsdisziplin*. Selbstverständlich beziehen sich *politische* Urteile stets auf politische Fragestellungen oder Entscheidungssituationen. Dabei sind sie im Kern normative Urteile, welche sich auf eine fundierte sachliche Analyse stützen. So fordern die Autor:innen des Modells, dass politische Urteile „in ihren sachlichen Aspekten erläutert oder begründet und in ihren normativen Aspekten gerechtfertigt werden müssen" (Detjen u.a. 2012, 35). In der Rechtfertigung sollten sie sowohl Maßstäbe der politischen Rationalität, d.h. Effizienzkriterien wie z.B. Wirksamkeit, Ergiebigkeit oder Schnelligkeit berücksichtigen, und sich zugleich auch an wertrationalen Aspekten, d.h. Legitimitätskriterien wie z.B. Menschenwürde, Freiheit, Gleichheit, Gerechtigkeit oder Partizipation messen lassen. Zudem sollten politische Urteile multiperspektivisch angelegt sein, d.h. verschiedene Perspektiven – die der Betroffenen, der Akteur:innen und des politischen Systems – einbeziehen. Schließlich unterscheiden die Autor:innen fünf verschiedene Urteilsarten: das Feststellungs-, Erweiterungs-, Wert-, Entscheidungs- sowie das Gestaltungsurteil (Detjen u.a. 2012, 52–57). Eine Erläuterung des zugehörigen Urteilsmodells von Massing und seine Anwendung auf die Unterrichtsplanung folgt auf den Seiten 56 bis 59.

### Politische Analysekompetenz

Da das politische Urteil auf einer sachlich-analytischen Auseinandersetzung mit der jeweiligen Fragestellung basiert, wird die Analysekompetenz von den Autor:innen dieses Kompetenzmodells – anders als in vielen Lehrplänen – unter die politische Urteilsfähigkeit subsumiert. Erst die Analysekompetenz schafft die Grundlage eines fundierten Urteils, indem sie den „Bedingungsrahmen sowie den Möglichkeitsspielraum für politisches Bewerten und Entscheiden" auslotet (Detjen u.a. 2012, 52). Die Qualität eines politischen Urteils ist somit stark abhängig von der Güte der vorausgegangenen Analyse.

### Politische Handlungsfähigkeit

*Politische Handlungsfähigkeit* erkennen die Autor:innen sowohl in kommunikativem als auch in partizipativem politischen Handeln. Dabei zählen sie zum kommunikativen Handeln alle Formen des Gesprächs oder des Disputs über Politik im sozialen Umfeld – inklusive dem Politikunterricht – und zum partizipativem politischen Handeln alle Formen des konkreten Handelns mit dem Ziel, eine politische Entscheidung zu beeinflussen. Darunter fassen sie z.B. die Teilnahme an Wahlen, Abstimmungen, Protesten, parteipolitisches oder zivilgesellschaftliches Engagement als auch politischen Ungehorsam (Detjen u.a. 2012, 74). Während reales partizipatives politisches Handeln in der Regel außerhalb des Unterrichts stattfindet, lässt sich kommunikatives politisches Handeln als „reflektierende Vorwegnahme politischen Handelns sowie [als] politisches Probehandeln" (Detjen u.a. 2012, 80) in Form der Kompetenzfacetten Artikulieren, Argumentieren, Verhandeln und Entscheiden gut in den Unterricht integrieren.

### Fachwissen/Konzeptuelles Deutungswissen

Die Gesamtheit des politischen Grundlagenwissens wird im Modell der Politikkompetenz als *Fachwissen* bezeichnet. Die Autor:innen gliedern es mithilfe der drei Basiskonzepte Ordnung, Entscheidung und Gemeinwohl, welche sie wiederum in zahlreiche zugeordnete Fachkonzepte ausdifferenzieren.

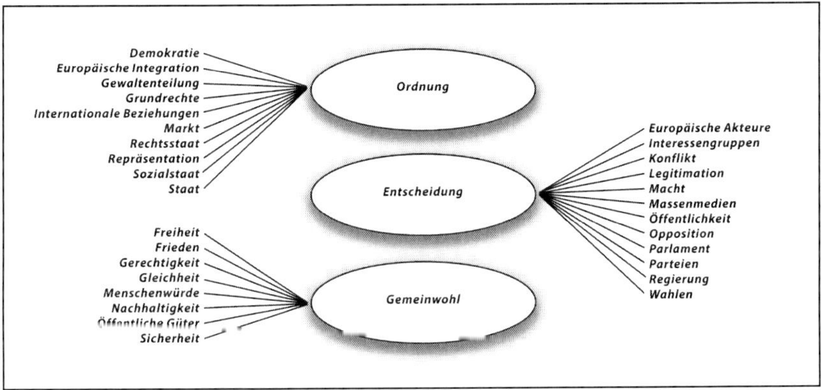


**Abb. 9: Basis- und Fachkonzepte der Politik. In: Detjen (u.a.) 2012, 31.**

Fachwissen versteht sich dabei ausdrücklich nicht als enzyklopädisches Wissen, sondern meint das Verstehen politischer Konzepte und Zusammenhänge, weshalb es auch als konzeptuelles Deutungswissen bezeichnet wird (GPJE 2004, 13):

> „Zentral für die Politische Bildung ist vielmehr solches Deutungswissen, das Schülerinnen und Schülern den Sinngehalt und die innere Logik von Institutionen, Ordnungsmodellen und Denkweisen der Sozialwissenschaften – einschließlich der wesentlichen damit verbundenen Kontroversen – erschließt. Beispielsweise ist es weniger wichtig, die Zahl der Mitglieder des Bundestages und die Stärke der Fraktionen zu kennen, als zu verstehen, was der Sinn eines Parlaments in einer repräsentativen Demokratie ist, aus welchen Gründen es Parteien und Fraktionen überhaupt gibt, aber auch, welche Einwände gegen ein ausschließlich repräsentatives Demokratiemodell vorgebracht werden." (Ebd., 14)

Die Sachverständigenkommission des 16. Kinder- und Jugendberichts verweist mit Rückgriff auf Mündigkeit als zentrales Ziel politischer Bildung darauf, dass nicht die Fachdisziplin allgemeingültige Lerngegenstände, sondern letztlich aktuelle politisch-gesellschaftliche Herausforderungen eben diese bestimmen sollten:

> „Das „Politische" der politischen Bildung transportiert damit nicht eine geschlossene disziplinäre Perspektive, sondern den Anspruch und die Fähigkeit von Lernenden, die soziale Welt zu verstehen, zu beurteilen, zu kritisie-

ren und zu verändern. Nicht die Domäne, sondern die aktuellen Herausforderungen von Mündigkeit und demokratischer Selbstbestimmung bestimmen die Lerngegenstände. Sie sollten als Kontroversen didaktisiert und mit wissenschaftlichen Diskursen in Beziehung gesetzt werden." (BMFSFJ 2020, 125)

### Politische Einstellung und Motivation

Unter der Dimension *Politische Einstellung und Motivation* formuliert das Politikkompetenzmodell schließlich die Aufgabe des Politikunterrichts, Interesse an Politik zu evozieren bzw. zu erhöhen, Selbstwirksamkeit zu stärken und schließlich Bürger:innen Tugenden anzustoßen. So verstanden, bildet die politische Einstellung und Motivation zunächst die grundlegende Voraussetzung für die zuvor beschriebenen Kompetenzen (Detjen u.a. 2012, 90).

### Beutelsbacher Konsens (1976)

Neben der politischen Mündigkeit als übergeordneter Zielformulierung und dem Nachdenken über dorthin führende Kompetenzen ist die Auseinandersetzung mit dem Beutelsbacher Konsens – als sogenanntem „Minimalkonsens politischer Bildung" – für alle politischen Bildner:innen notwendig. 1976 im Abschlussprotokoll einer Tagung der Landeszentrale für politische Bildung Baden-Württemberg formuliert, gilt er bis heute als „Referenzpunkt politischer Bildung in Deutschland" (Oberle 2020, 30) und umfasst drei für die politische Bildung maßgebliche Prinzipien: das Überwältigungsverbot, das Kontroversitätsgebot sowie die Schüler:innen-Orientierung.

Das Überwältigungsverbot insistiert darauf, dass jegliche Form indoktrinärer Beeinflussung der politischen Mündigkeit entgegensteht und daher keinerlei Anwendung finden dürfe:

> „Es ist nicht erlaubt, den Schüler – mit welchen Mitteln auch immer – im Sinne erwünschter Meinungen zu überrumpeln und damit an der „Gewinnung eines selbständigen Urteils" zu hindern. Hier genau verläuft nämlich die Grenze zwischen Politischer Bildung und Indoktrination. Indoktrination aber ist unvereinbar mit der Rolle des Lehrers in einer demokratischen Gesellschaft und der – rundum akzeptierten – Zielvorstellung von der Mündigkeit des Schülers." (Wehling 1977, 179)

Das Kontroversitätsgebot fordert als Konkretisierung des Überwältigungsverbotes von politischen Bildner:innen die vielperspektivische Darstellung politischer Problemstellungen:

> „Was in Wissenschaft und Politik kontrovers ist, muss auch im Unterricht kontrovers erscheinen. Diese Forderung ist mit der vorgenannten aufs engste verknüpft, denn wenn unterschiedliche Standpunkte unter den Tisch fallen, Optionen unterschlagen werden, Alternativen unerörtert bleiben, ist der Weg zur Indoktrination beschritten." (Wehling, 1977)

Es ist dabei jedoch keineswegs als „Neutralitätsgebot" misszuverstehen. So machen sowohl die GPJE (GPJE u.a. 2018) als auch die Kultusministerkonferenz in ihrer 2018 erneuerten Empfehlung zur Demokratiebildung (KMK 2018) sehr deutlich, dass

> „erstens demokratiefeindliche, menschenverachtende und verfassungsfeindliche Positionen in der politischen Bildung nicht zu tolerieren und nicht als gleichberechtigt darzustellen sind, sondern ihnen in Schule und (Politik-) Unterricht entschieden entgegenzutreten ist; und dass zweitens Lehrkräfte ihre eigene politische Meinung den Lernenden durchaus zeigen dürfen." (Oberle 2020, 32)

Politische Bildung in der Demokratie vertritt und verteidigt also stets ihre Fundamente: die Menschenrechte, die Bestimmungen des Grundgesetzes und das Engagement gegen jegliche Formen der gruppenbezogenen Menschenfeindlichkeit. Wo diese Fundamente in Frage gestellt werden, sind politische Bildner:innen in der Demokratie aufgefordert für sie Partei zu ergreifen und sich klar zu positionieren. Im Bildungsraum Schule sind Pädagog:innen gemäß dem Schulgesetz und der Verfassung sogar aufgefordert zu „demokratischer Parteilichkeit":

> „Lehrer dürfen gar nicht neutral sein. Sie sind durch das Schulgesetz und die Verfassung in Sachen Menschenrechte und Demokratie darauf festgelegt, grundrechtsklar gegen Fremdenfeindlichkeit, Rassismus und diskriminierende Positionen, wie sie die AfD laufend vertritt, aufzutreten. Insofern haben sie eine Pflicht zur demokratischen Parteilichkeit" (Edler, In: Kutter 2018)

Die Schüler:innenorientierung als drittes Prinzip des Beutelsbacher Konsenses fordert politische Bildner:innen dazu auf, Lernende dazu zu befähigen, ihre eigenen Interessen in Bezug auf die verhandelten politischen Fragestellungen zu erkennen und nach Wegen der konkreten, politischen Einflussnahme im Sinne ihrer eigenen Interessen zu suchen:

> „Der Schüler muss in die Lage versetzt werden, eine politische Situation und seine eigene Interessenlage zu analysieren sowie nach Mitteln und Wegen zu suchen, die vorgefundene politische Lage im Sinne seiner Interessen zu beeinflussen. Eine solche Zielsetzung schließt in sehr starkem Maße die Betonung operationaler Fähigkeiten ein, was eine logische Konsequenz aus den beiden vorgenannten Prinzipien ist." (Wehling 1977)

**Frankfurter Erklärung (2015)**

Schließlich bildet die 2015 von Vertreter:innen der kritischen politischen Bildung veröffentlichte *Frankfurter Erklärung für eine kritisch-emanzipatorische Politische Bildung* (Frankfurter Erklärung 2015) neue Anstöße für die fachdidaktische Diskussion um die Ziele und Prinzipien der politischen Bildung. Ihre Autor:innen und Unterzeichner:innen fordern, die politische Bildung müsse sich inhaltlich stärker auf die „politische Gestaltung gesellschaftlicher Gegenwarts- und Zukunftsfragen", vor allem ihre Umbrüche und Krisen, konzentrieren, kontrovers echte „Alternativen gesellschaftlicher Zukunftsentwicklungen" fokussieren und machtkritisch „ausgeschlossene und benachteiligte Positionen sichtbar" machen. Ferner rufen sie politische Bildner:innen auf, selbstreflexiv ihre gesellschaftliche Einbindung „transparent und damit kritisierbar" zu machen sowie die „jeweils konkreten Lebensbedingungen" der Lernenden zu berücksichtigen, u.a. durch den Einbezug auch emotionaler Komponenten in die Urteilsbildung. Die Erklärung mündet in dem Veränderungsappell:

> „Politische Bildung eröffnet allen Kindern, Jugendlichen und Erwachsenen Räume und Erfahrungen, durch die sie sich Politik als gesellschaftliches Handlungsfeld aneignen können. Sie ermöglicht Lernprozesse der Selbst- und Weltaneignung in der Auseinandersetzung mit anderen, um Wege zu finden, das Bestehende nicht nur mitzugestalten und zu reproduzieren, sondern individuell und kollektiv handelnd zu verändern." (Frankfurter Erklärung 2015)

Neben den politischen Kompetenzen und dem Beutelsbacher Konsens sind auch die politikdidaktischen Prinzipien – Kontroversität, Problemorientierung, Exemplarität, Adressat:innen-, Handlungs- und Wissenschaftsorientierung – entscheidende Leitlinien für gute politische Bildung. Diese finden sich ab S. 59, wo sie in Anwendung auf die Unterrichtsplanung zur Eingrenzung geeigneter Fallbeispiele für den Politikunterricht vorgestellt werden.

**Weiterführende Literaturhinweise für die Lehrkraft:**


- Achour u. a. (Hg.) (2020): Wörterbuch Politikunterricht. Frankfurt/M.
- Autorengruppe Fachdidaktik (Hg.) (2016): Was ist gute politische Bildung? Leitfaden für den sozialwissenschaftlichen Unterricht. Schwalbach/Ts.
- Detjen u. a. (2012): Politikkompetenz – ein Modell. Wiesbaden.

# Politikunterricht für die Klassen 5 bis 7 planen

Jede Unterrichtsplanung ist eine komplexe Aufgabe, da sie zahlreiche Voraussetzungen beachten, vielfältige Bedingungen berücksichtigen und Entscheidungen begründet treffen sollte, welche sich jeweils gegenseitig beeinflussen und bedingen. Dieses Interdependenzgefüge planerischer Überlegungen, welche miteinander verzahnt, stets aufeinander verweisend und sich gegenseitig beeinflussend bearbeitet werden, wird im Folgenden – aus didaktischen Gründen – in acht aufeinanderfolgende Schritte untergliedert. Dabei wird jeder Planungsschritt vorgestellt, erläutert und stets am Beispiel der Sequenzplanung für den Anfangspolitikunterricht im Umfang von ca. acht Unterrichtsstunden zur Fragestellung *Fridays for Future-Demonstrationen: Sind die Meinungs- und Versammlungsfreiheit wichtiger als die Schulpflicht?* illustriert.

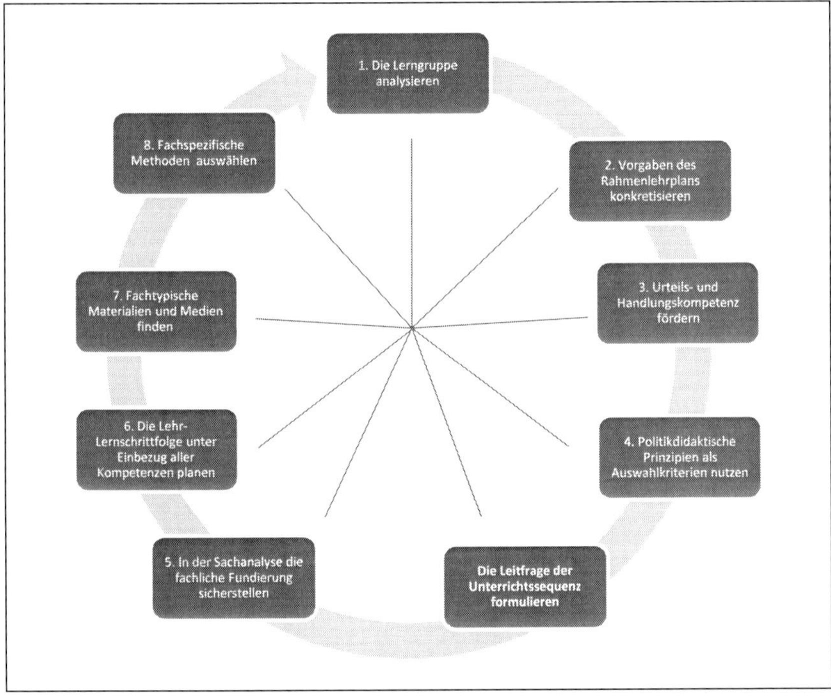


**Abb. 10: Acht Planungsschritte als Interdependenzgefüge. Eigene Darstellung.**

Die 2019 erbittert, auf verschiedenen gesellschaftlichen Ebenen geführte und bis heute kontroverse Diskussion über die Teilnahme von Schüler:innen an den Fridays for Future-Demonstrationen während der Schulzeit bildet dabei den Gegenstand der urteilsbildenden und handlungsorientierten Unterrichtssequenz. In der Auseinandersetzung mit dieser Fragestellung lernen die Schüler:innen eine mehrheitlich von jungen Menschen getragene Protestbewegung im Kontext der Klimakrise mit ihren Zielen und in ihrer Form der Teilnahme am öffentlichen Meinungsbildungsprozess kennen. Anhand dieses Fallbeispiels werden sie mit Partizipation als einem Kernelement der Demokratie sowie mit dem Wertekonflikt zwischen den Grundrechten auf freie Meinungsäußerung und Versammlungsfreiheit einerseits sowie der Schulpflicht andererseits vertraut gemacht. In Auseinandersetzung mit den Argumenten beider Positionen zur Leitfrage fällen sie schließlich ein eigenes begründetes Urteil, das sie ggfs. auch in konkretes politisches Handeln umsetzen.

Die gesamte Sequenzplanung findet sich im Anhang einmal im tabellarischen Überblick. Die ihr zugrundeliegenden Planungsüberlegungen werden Schritt für Schritt in den acht Kapiteln des hierfolgenden zweiten Teils des Bandes dargelegt.

## Die Lerngruppe analysieren

Der Ausgangspunkt jeglicher Unterrichtsplanung ist die konkrete Lerngruppe, für und mit der die Lehrkraft Unterricht plant. Dies geschieht in der Überzeugung, dass nur ein an die Lerngruppe adaptierter Unterricht erfolgreich sein kann: Lehrkräfte unterrichten selbstverständlich Fächer, aber zu allererst Schüler:innen. Dabei gilt es, zahlreiche Merkmale der jeweiligen Lerngruppe zu diagnostizieren.

Als fächerunspezifische Merkmale sollte jede Unterrichtsplanung folgende Aspekte berücksichtigen:

- Anzahl der Schüler:innen
- ihr Lebensalter und ihr Lernalter
- eigene Geschlechtszuordnung
- soziokultureller Hintergrund
- (bildungs-)sprachliche Kompetenzen
- (nicht) diagnostizierte Förderbedarfe
- Motivation für schulische Bildung allgemein

- soziale Fähigkeiten
- methodische Fähigkeiten
- schulische und außerschulische Interessen und Stärken der Schüler:innen

Als auf den Politikunterricht bezogene Merkmale kommen ferner die folgenden weiteren Aspekte hinzu:

- Interesse an politischen Fragestellungen im Speziellen
- Vorerfahrungen in Bezug auf politische Bildung
- inhaltliche Präkonzepte, ggfs. Fehlkonzepte
- Bedeutsamkeit aktueller politischer Ereignisse für die Schüler:innen der Lerngruppe
- ggfs. unmittelbare Betroffenheit der Schüler:innen, ihrer Freund:innen und Familien durch aktuelle politische Ereignisse

Je genauer die Lehrkraft die aufgeführten Merkmale einschätzen kann, umso größer ist die Chance, dass sie Unterricht plant, der die Prinzipien des Lebensweltbezuges und der Schüler:innen-Orientierung (vgl. S. 61) tatsächlich umsetzt. Vor allem für die inhaltliche Schwerpunktsetzung der Unterrichtssequenz, welche die Lehrkraft zwar unter Berücksichtigung der bildungspolitischen Vorgaben (vgl. S. 54) und zugleich stets mit Blick auf aktuelle Ereignisse und ihre Bedeutsamkeit für die jeweilige Lerngruppe individuell auswählen darf, ist die möglichst genaue Lerngruppenanalyse entscheidend. Nur mit diesem Ausgangspunkt jeglicher Unterrichtsplanung wird der Gefahr begegnet, dass Unterricht zwar möglicherweise nach allen Regeln der Kunst geplant wird, aber dennoch sein eigentliches Ziel – die fruchtbare Begegnung zwischen Person und Sache nämlich – leider verfehlt.

Bezogen auf die hier vorgestellte Sequenzplanung stellt sich also die Frage, inwiefern diese ihren Ausgangspunkt in der Analyse der Lerngruppe nimmt. Obwohl die Planung hier als exemplarisches Beispiel vorgestellt wird und demzufolge nicht auf eine konkrete Lerngruppe zugeschnitten sein kann, weist die Thematik der Sequenz- *Fridays for Future-Demonstrationen: Sind die Meinungs- und Versammlungsfreiheit wichtiger als die Schulpflicht?* – in dreifacher Weise eine deutliche Schüler:innen-Orientierung auf:

1) Die *Herausforderung des anthropogenen Klimawandels* ist für Schüler:innen der Klassen 5 bis 7 ein in ihrer gegenwärtigen und zukünftigen Lebenswirklichkeit außerordentlich bedeutsames Thema. Sind sie doch Teil der Generation, welche

ihr Leben unter veränderten klimatischen Bedingungen leben wird und daher aufgefordert ist, die damit notwendigen Transformationsprozesse zu gestalten. Und auch bereits gegenwärtig ist die Klimakrise Teil ihres Lebens, sei es,

- dass sie Auswirkungen des Klimawandels mit extremen Wetterlagen unmittelbar selbst erleben – wie beispielsweise im Sommer 2021 die Starkregenfälle in Nordrhein-Westfalen und Rheinland-Pfalz –,
- dass sie von Extremwettern in anderen Regionen der Welt über die Medien erfahren, z.B. von den Waldbränden in Südeuropa oder den Hitzewellen in Kanada,
- dass sie die politische Auseinandersetzung zur Klimapolitik in Form von politischen Protesten im öffentlichen Raum (Greenpeace, Fridays for Future, Extinction Rebellion, Aufstand der letzten Generation) wahrnehmen und ggfs. auch von ihr direkt betroffen sind
- oder, dass sie Klimapolitik als politisches Thema – beispielsweise im Wahlkampf – erkennen.

2) *Demonstrationen* als eine Form der politischen Teilhabe weisen für Schüler:innen einen praktischen Lebensweltbezug auf. Auch jüngere Schüler:innen kennen Demonstrationen aus den Medien, ggfs. auch aus eigener Anschauung, einige von ihnen haben möglicherweise auch bereits selber an einer Demonstration teilgenommen. Kraft der Grund-, Menschen- und Kinderrechte sind Demonstrationen eine Möglichkeit, mit der sich Kinder und Jugendliche unmittelbar an der politischen Meinungsbildung beteiligen und sich in diese einmischen können.

3) In der Auseinandersetzung mit Grundrechten sind vor allem *Wertekonflikte* fruchtbare Unterrichtsgegenstände. Dem Streit um die Fridays for Future-Demonstrationen liegt der Wertekonflikt zwischen dem Recht auf Meinungs- und Demonstrationsfreiheit einerseits und der Schulpflicht andererseits zugrunde. Als authentischer Konflikt betrifft er viele Schüler:innen seit Beginn der Fridays for Future-Bewegung direkt und unmittelbar, natürlich besonders dann, wenn an ihrem Wohnort oder in der Nähe Demonstrationen stattfinden und wenn es an ihrer eigenen Schule Schüler:innen oder ggfs. auch Lehrkräfte gibt, die an den Demonstrationen teilnehmen.

Als ein öffentliches Element politischer Aushandlungsprozesse besitzen Demonstrationen zudem in ihrer Anschaulichkeit und ihrem Potential für forschendes Lernen einen besonderen didaktischen Wert: Demonstrationen kann man beobachten, Transparente fotografieren oder skandierte Parolen aufnehmen. Demonstrationsteilnehmende kann man interviewen. All das leisten öffentliche Medien oder können Schüler:innen auch selbst forschend erkunden.

Selbstverständlich ist die Lerngruppenanalyse neben der inhaltlichen Schwerpunktsetzung auch für viele weitere Planungsentscheidungen, wie z.B. die Material-, Medien-, Methodenauswahl und -gestaltung, entscheidend (vgl. ab S. 115).

Die inhaltliche Schwerpunktsetzung in der Auswahl des Lerngegenstandes mit Blick auf die jeweilige Lerngruppe sollte stets im Rahmen der bildungspolitischen Vorgaben geschehen.

## Vorgaben des Rahmenlehrplans konkretisieren

So ist jegliche Unterrichtsplanung an den Rahmen bildungspolitischer Vorgaben gebunden, welche sich in Beschlüssen der Kultusministerkonferenz (KMK) und vor allem in bundesländer-, schulform- und fächerspezifischen Lehrplänen konkretisieren. Diese machen Vorgaben bzw. geben Anstöße zu Zielen, Formen, Prinzipien, Inhalten und Methoden schulischen Lernens. Sie bilden einen mehr oder weniger großzügigen Rahmen, innerhalb dessen Politiklehrkräfte und Lernende aktuelle gesellschaftliche und politische Fragestellungen zu Lerngegenständen bestimmt können.

Die hier vorgestellte Sequenz erfüllt beispielsweise Vorgaben des KMK-Beschlusses zur *Demokratie als Ziel, Gegenstand und Praxis historisch-politischer Bildung und Erziehung in der Schule* (2018). Dieser weist Partizipationserfahrungen als „wesentliche[n] Bestandteil des schulischen Bildungs- und Erziehungsauftrags" aus und betont:

> „Kinder und Jugendliche haben das Recht sich zu informieren, sich um ihre eigenen und gemeinwohlorientierten Angelegenheiten zu kümmern und die Weiterentwicklung auch ihrer Schule und Lebenswelt verantwortlich mitzugestalten. Schülerinnen und Schüler sollen so früh wie möglich an die Grundprinzipien unserer demokratischen Staats- und Gesellschaftsordnung herangeführt und mit ihnen vertraut gemacht werden. Sie sollen lernen und erfahren, dass die Demokratie den Menschen die Möglichkeit eröffnet, für sich selbst und die Gemeinschaft Verantwortung zu übernehmen und ihre Rechte einzufordern" (KMK 2018, 5–6).

Genau das ermöglicht die Beispielsequenz: Kinder informieren sich über ihre Grundrechte der Meinungs- und Versammlungsfreiheit und ihre Schulpflicht, lernen Partizipation als Grundprinzip der Demokratie kennen, sie erkennen, dass und wie Menschen für den Klimaschutz aktiv werden, dafür ihre Rechte einfordern, dabei Verantwortung übernehmen und ihre Lebenswelt aktiv mitgestalten.

Bezogen auf den Rahmenlehrplan Teil C für das Fach Gesellschaftswissenschaften in den Jahrgangsstufen 5 und6 in Berlin und Brandenburg, welcher für die in Berlin lehrende Autorin maßgeblich ist, lässt sich der Gegenstand der Sequenz dem Themenfeld *Demokratie und Mitbestimmung* zuordnen. So thematisiert die Sequenz sowohl ein prominentes Beispiel „demokratischer Entscheidungsfindung und kompromissorientierter Aushandlungsprozesse" als auch die Betrachtung von „Demokratie und Mitbestimmung [...] für einen aktuellen bundesdeutschen Zusammenhang" (LISUM 2015a, 32). Zugleich konkretisiert sie die Unterrichtsanregung „Beteiligungsmöglichkeiten von Kindern und Jugendlichen im lokalen Umfeld [...] recherchieren" zu lassen (ebd.). Schließlich bezieht sie sich auch auf das Themenfeld *Kinderwelten – heile Welten* (LISUM 2015a, 33), dessen Inhalt der *Kinderrechte* bzw. der *Kinderrechtskonvention* sie mit aufgreift.

Auch das fachübergreifende Thema *Demokratiebildung* des Rahmenlehrplans Teil B *Fächerübergreifende Kompetenzentwicklung* für Berlin und Brandenburg (LISUM 2015b) wird durch die Beispiel-Unterrichtssequenz realisiert: Sie ermöglicht mit der Thematisierung von Grundrechten und Partizipationsmöglichkeiten den Wissenserwerb „um das Wesen demokratischen Handelns" (ebd., 26) und führt den Schüler:innen Menschen vor Augen, die selbstbestimmt in „schulischen, lokalen und globalen Kontexten" handeln (ebd., 26). Ebenso wird in der Diskussion um die Demonstrationen während der Schulzeit exemplarisch

> „die Fähigkeiten entwickelt, verantwortlich an gesellschaftlichen und politischen Meinungsbildungs- und Entscheidungsprozessen teilzunehmen, eigene Intentionen zu verhandeln, unterschiedliche Interessen auszuhalten und in Konflikten demokratische Lösungen zu finden."(ebd.,26)

## Urteils- und Handlungskompetenz fördern

Neben der Lerngruppenanalyse und der Berücksichtigung bildungspolitischer Vorgaben ist die Kompetenzförderung ein wesentliches Merkmal gelungenen (Politik-)Unterrichts.

Das Modell der Politikkompetenz stellt *Fachwissen, Politische Einstellung und Motivation, Politische Handlungs-* sowie *Politische Urteilsfähigkeit* als wechselseitig aufeinander bezogene Dimensionen dar und weist letztere mit Blick auf politische Mündigkeit als Globalziel politischer Bildung als *Königsdisziplin* aus (vgl. S. 39).

Nimmt Politikunterricht die voraussetzungsvolle und – für Lehrende und Lernende gleichermaßen – anspruchsvolle Förderung politischer Urteilskompetenz ernst, reicht es keineswegs aus, *mal über aktuelle Fragen diskutieren zu lassen* und dann darauf zu vertrauen, dass dies die Kompetenzentwicklung automatisch befördere. Im Gegenteil ist in der Planung das politische Urteil der Lernenden von Beginn an als Ziel der Sequenz anzuvisieren und auszuformulieren. Nur dann ist die Förderung der Urteilskompetenz kein geglücktes oder missglücktes Zufallsprodukt des Politikunterrichts, sondern kann systematisch angebahnt sowie planvoll und in regelmäßigen Wiederholungen erweitert werden. Das zentrale unterrichtsplanerische Werkzeug hierfür ist die Formulierung einer geeigneten Sequenz-Leitfrage. Die Schüler:innen zu befähigen, diese begründet und fundiert zu beantworten, bildet den Zielpunkt der Unterrichtssequenz. Ist eine Leitfrage formuliert, die zentrale fachliche Inhalte thematisiert und zugleich den politikdidaktischen Prinzipien gerecht wird (vgl. ab S. 59), kann dann die Planung der einzelnen Unterrichtsphasen funktional von seinem Ziel aus, also quasi *rückwärts* im backward-design erfolgen (vgl. ab S. 85).

Um als Lehrkraft eine Leitfrage formulieren zu können, welche den Schüler:innen tatsächlich ein politisches Urteil abverlangt, gilt es vorab zu klären, was unter einem politischen Urteil verstanden wird und welche Urteilsarten zu unterscheiden sind. Ein politisches Urteil lässt sich mit Massing definieren als

> „die wertende Stellungnahme eines Individuums über einen politischen Akteur, ein politisches Problem oder einen politischen Sachverhalt unter der Berücksichtigung der Kategorien Effizienz und Legitimität“ (Massing 2003, 94).

Der Gegenstand des Urteils ist – wenig überraschend – also ein politischer. Als „wertende Stellungnahme" begnügt sich das politische Urteil nicht mit der Darstellung und Analyse seines Gegenstandes, sondern erfüllt sich tatsächlich erst in dessen Bewertung. Dabei setzt jede Bewertung Maßstäbe voraus, an welcher der Gegenstand gemessen werden kann. Massing sortiert in seiner Definition die Vielfalt möglicher Bewertungsmaßstäbe – in Anlehnung an Max Webers Unterscheidung zwischen Zweck- und Wertrationalität – in die beiden Kategorien *Effizienz* und *Legitimität*. Die Kategorie *Effizienz* berücksichtigt dabei Kriterien wie beispielsweise Wirksamkeit, Ergiebigkeit, Problemlösungsfähigkeit, Kosten-Nutzen-Relation, Umsetzbarkeit und Zeitaufwand. Die Kategorie *Legitimität* wiederum prüft beispielsweise die Übereinstimmung mit Grund- und Menschenrechten, demokratischen Normen und Prinzipien sowie moralischen Werten wie Gerechtigkeit und Freiheit. Neben den unterschiedlichen Begründungsmaßstäben erfasst Massings Urteilsmodell auch multiperspektivisch verschiedene Ausgangspunkte, von denen der Blick auf den Urteilsgegenstand geworfen wird. Er unterscheidet dabei drei Perspektiven: 1. die politisch Handelnden, welche eine bestimmte Entscheidung treffen und diese gegenüber der Öffentlichkeit vertreten, 2. die Adressat:innen politischer Entscheidungen, welche von den Entscheidungen unmittelbar betroffen sind, und schließlich 3. das politische Systems, dessen Stabilität und Entwicklung von politischen Entscheidungen beeinflusst wird (Massing 2020, 28).

| Beurteilungsmaßstab | Sichtweisen/Perspektiven | | |
|---|---|---|---|
| Politische und/oder gesellschaftliche Rationalität | Politische Akteure | Adressaten | System |
| Kategorie Effizienz Zweckrationalität | Interessen, Nutzen, Kosten, Wirksamkeit, Kosten-Nutzen-Verhältnis, Wirtschaftlichkeit, Handlungsmöglichkeiten, Handlungsrestriktionen, Entscheidungskompetenzen, Macht, Aufwand, Zeit, Kosten, Umsetzbarkeit, Funktionsfähigkeit, Leistungsfähigkeit, Stabilität, Schnelligkeit, Kompetenz usw. | | |
| Kategorie Legitimität Wertrationalität | Grundrechte, Menschenrechte, demokratische Normen und Werte, demokratische Prinzipien, Interessenberücksichtigung, Folgen, Gerechtigkeit, Freiheit, Gemeinwohlorientierung, Akzeptanz, Transparenz, Partizipation, Umwelt, Leben, (sozialer) Frieden, Anerkennung, Gleichstellung, Information, Selbstbestimmung, Mitbestimmung, Identität, Nachhaltigkeit, Pluralismus, Diversität, Bildung, Minderheitenschutz | | |

**Abb. 11: Begründungsmöglichkeiten eines politischen Urteils. In: Massing 2020, 28.**

Um politische Urteile für die politische Auseinandersetzung und Entscheidungsfindung fruchtbar zu machen, bedürfen sie zwingend der Begründbarkeit und der Diskursivität. Ein politisches Urteil setzt also Sachkenntnisse über seinen Gegenstand voraus, beruht in seiner Bewertung auf überprüfbaren Argumenten und macht diese im Sinne des politischen Austauschs transparent und öffentlich.

Massing unterscheidet fünf verschiedene Urteilsarten: das Feststellungs-, das Erweiterungs-, das Wert-, das Entscheidungs- und das Gestaltungsurteil (Massing 2012). Feststellungs- und Erweiterungsurteile erklären Sachverhalte und sind damit Ergebnis einer analytischen Auseinandersetzung und werden in der Politikdidaktik i.d.R. unter der Bezeichnung Sachurteil subsumiert. Obwohl diese Bezeichnung insofern irreführend ist, als dass eine analytisch gestützte Feststellung ja gerade noch keine abwägende Bewertung enthält, wird sie hier dennoch als etablierter Begriff aufgegriffen. Jedoch bewerten tatsächlich erst Wert-, Entscheidungs- und Gestaltungsurteile Sachverhalte, indem sie zu Problemen Stellung beziehen, Lösungsvorschläge entwickeln und Entscheidungen bewerten. Somit sind nur sie im oben erläuterten Sinne tatsächlich politische Urteile im Sinne einer *wertenden Stellungnahme*.

| **Urteilsart** | **Beispiel** | **Urteilsform** |
|---|---|---|
| Feststellungsurteil | Welche politischen Partizipationsformen können Kinder wahrnehmen? | Sachurteil<br>* konstatierende Feststellung<br>* Erklärung, Analyse<br>* Anforderungsbereich I<br>*Voraussetzung für ein Werturteil |
| Erweiterungsurteil | Welche Rechte ermöglichen Kindern bzw. welche Pflichten beschränken ihre Teilnahme an den Fridays for Future-Demonstrationen? | |
| Werturteil | Fridays for Future-Demonstrationen: Sind die Meinungs- und Versammlungsfreiheit wichtiger als die Schulpflicht? | Werturteil<br>* evaluierendes, normatives Urteil<br>* Bewertung, Stellungnahme<br>* Anforderungsbereich III |
| Entscheidungsurteil | Sollen Schüler:innen ein Streikrecht erhalten? | |
| Gestaltungsurteil | Was tun gegen die Klimakrise – in Schule, Gesellschaft und Politik? | |

**Abb. 12: Urteilsarten (nach: Massing 2012) mit eigenen Beispielen. Eigene Darstellung.**

Die hier vorgestellte Unterrichtssequenz wählt als Leitfrage die Werturteilsfrage *Fridays for Future-Demonstrationen: Sind die Meinungs- und Versammlungsfreiheit wichtiger als die Schulpflicht?* Mit Hilfe dieser Leitfragenformulierung legt sich die Unterrichtsplanung von Beginn an auf ihr Sequenzziel fest: das Abverlangen eines Werturteils am Ende einer längeren, dieses Urteil sorgfältig vorbereitenden Unterrichtssequenz. So nimmt sie den Auftrag der Förderung der politischen Urteilskompetenz tatsächlich ernst und verhindert unmittelbar mit dem Start der Planung, dass diese aus dem Blick gerät, nicht ausreichend unterstützt wird oder ggfs. gänzlich entfällt.

Die 2019 entstandene, auf verschiedenen Ebenen – Schule, Familie, Zivilgesellschaft, Wissenschaft und Politik – und teils noch heute geführte Diskussion über die Teilnahme von Schüler:innen an den Fridays for Future-Demonstrationen während der Schulzeit bietet ein lebensweltorientiertes, kontroverses und aktuelles Fallbeispiel, welches zwei grundsätzliche Problematiken exemplarisch erkennbar werden lässt: die Werteabwägung im Falle eines Wertewiderstreits – hier zwischen Versammlungs- und Meinungsfreiheit einerseits und der Schulpflicht andererseits – sowie der Frage nach den Partizipationsmöglichkeiten von Kindern und Jugendlichen. Sie lässt sich auf Grundlage der beiden Kategorien Legitimität und Effizienz und aus verschiedenen Perspektiven anhand des Urteilsmodells von Massing ergiebig analysieren (vgl. ab S. 69).

**Weiterführende Literaturhinweise für die Lehrkraft:**

- Achour (u.a.) (2020): Methodentraining für den Politikunterricht. Frankfurt/M.
- Massing (2012): Die vier Dimensionen der Politikkompetenz. In: APuZ, H. 46–47, Bonn, S. 23–29. Politik betrifft uns (2018, Heft 6): Urteilen. Ein Trainingsheft. Aachen

## Politikdidaktische Prinzipien als Auswahlkriterien nutzen

Bildungspolitische Vorgaben bilden einen Rahmen für die Unterrichtsplanung von Lehrkräften, sie entlassen diese allerdings nicht aus der interessanten und zugleich anspruchsvollen Pflicht, aus der Vielzahl an möglichen Konkretisierungen der Rahmenlehrplanthemen das für die jeweilige Lerngruppe in der jeweils spezifischen politischen Situation geeignete Fallbeispiel als Lerngegenstand auszuwählen. Als Leitlinien dazu gibt die Fachdidaktik Politik Lehrkräften bewährte *politikdidaktische Prinzipien* als Auswahlkriterien an die Hand.

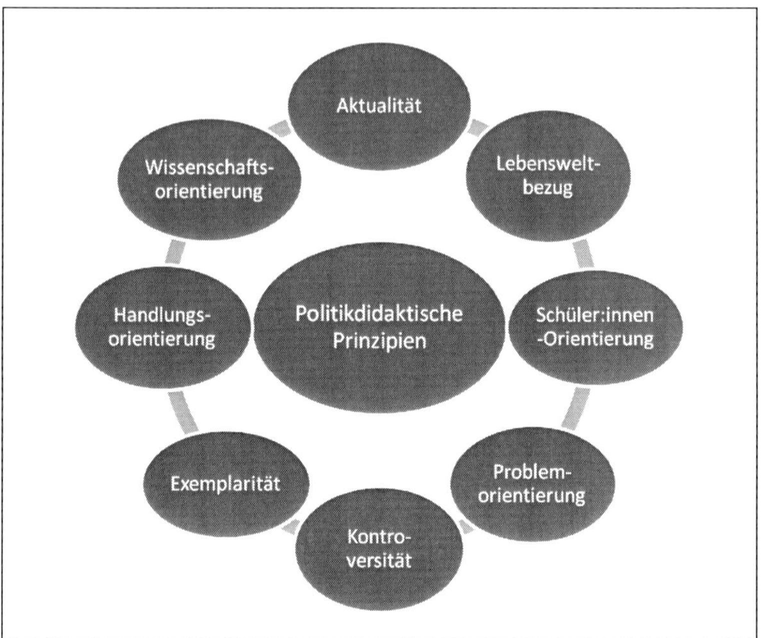


**Abb. 13: Politikdidaktische Prinzipien. Eigene Darstellung.**

## Aktualität

Dass Aktualität im Politikunterricht ein hoher Stellenwert beigemessen wird, liegt in der Natur der Sache, im Gegenstandsbereich des Faches. So sollte es selbstverständlich sein, dass Politiklehrkräfte das aktuelle politische Geschehen daraufhin prüfen, inwiefern es sich für die unterrichtliche Thematisierung eignet, mitunter geradezu aufdrängt. Arbeitet der Politikunterricht anhand aktueller Fallbeispiele, überwindet er den oft beklagten Graben zwischen schulischer und außerschulischer Realität. Zudem birgt die Integration von aktuellen Fallbeispielen die Chance, dass das Politische für Kinder und Jugendliche konkret erkennbar wird und nicht hinter einem meist als abstrakt wahrgenommenen politischen System unkenntlich bleibt. Zudem weisen aktuelle Beispiele darauf hin, dass und wie Jugendliche unmittelbar in Gegenwart und Zukunft von politischen Entscheidungen betroffen sind und sein werden, und leisten damit einen Beitrag gegen politisches Desinteresse, sofern die Lernenden die Bedeutung der Fragestellung für ihr eigenes Leben erkennen. Schließlich befähigt die Auseinandersetzung mit aktuellen Fallbeispielen im Unterricht sie auch zur Teilhabe an der Diskussion aktueller, politischer Fragestellungen außerhalb der Schule, z. B. im Freundes- oder Familienkreis, und unterstützt sie damit auf ihrem Weg zur politischen Mündigkeit.

## Lebensweltbezug und Schüler:innen-Orientierung

Immer dann, wenn politische Ereignisse, Auseinandersetzungen oder Entscheidungen für Schüler:innen Teil ihrer eigenen Lebenswelt sind oder sie unmittelbar betreffen, liegt es nahe, sie im Unterricht aufzugreifen. So drängt sich beispielsweise ein laufender Wahlkampf, der u. a. mit großformatigen Wahlplakaten auch auf dem Schulweg oder mit Wahlwerbespots in alten und neuen Medien auf sich aufmerksam macht, gerade dazu auf, unterrichtlich behandelt zu werden. Hier werden politische Auseinandersetzungen in der Lebenswelt der Lernenden unmittelbar sichtbar und damit für sie klar erkennbar. Genauso sollten einschneidende und damit bedeutsame gesellschaftliche Veränderungen, welche in ihren Auswirkungen die Lebenswelt der Kinder und Jugendlichen konkret beeinflussen, selbstverständlich im Politikunterricht Aufmerksamkeit erhalten: Wenn an der eigenen Schule geflüchtete Kinder unterrichtet werden, wenn im eigenen oder nächsten Ort oder Stadtteil Schutzsuchende Unterkünfte erhalten, wenn kriegerische Auseinandersetzungen in Ländern aufflammen, zu denen Schüler:innen familiäre Bezüge haben, wenn Terroranschläge die Welt erschüttern, sollten Kinder erwachsene Ansprechpartner:innen haben, auch in der Schule und selbstverständlich auch im Politikunterricht (vgl. S. 29).

Aber auch politische Ereignisse mittlerer oder begrenzterer Tragweite, wie Streiks (z. B. von Lehrkräften), Demonstrationen (z. B. der Black-Lives-Matter-Bewegung oder der „Querdenker"), Protestaktionen von Verbänden, Vereinen oder Bürgerinitiativen (z. B. von Krankenpflegekräften, Tierschützer:innen oder Fahrradfahrer:innen), bieten einen gelungenen Anlass, sich mit den Hintergründen und Zusammenhängen auseinanderzusetzen.

Schließlich haben auch alle politischen Entscheidungen, welche die Schüler:innen als Konsument:innen betreffen, einen unmittelbaren Lebensweltbezug: So begegnen sie beispielsweise dem Nutri-Score und anderen Lebensmittel-Siegeln beim Einkauf und am heimischen Esstisch, Kleidungssiegel zieren (möglicherweise) ihre Kleidung, das europäische Verbot von Plastik-Einmal-Geschirr verändert wahrscheinlich die Essensausgabe in der Schulcafeteria und beim Urlaub in europäischen Nachbarländern kommen sie in den Genuss der entfallenen Roaming-Gebühren.

Unabhängig vom Thema weisen all diejenigen Fallbeispiele eine hohe Schüler:innen-Orientierung auf, bei denen Kinder und Jugendliche selber politisch aktiv werden. Vom Engagement Gleichaltriger zu erfahren, kann im Sinne der Peer-to-peer-Education sehr motivierend wirken, verweist es doch auf Handlungsspielräume und Selbstwirksamkeitserfahrungen.

### Problemorientierung und Kontroversität

Politik hat die Aufgabe, konkrete Probleme zu lösen, um ein gegenwärtiges und zukünftiges „gutes" Zusammenleben von Menschen zu gestalten (vgl. S. 17). Der Politik – verstanden als kontinuierlicher und prinzipiell unabschließbarer Prozess von Problemlösungsversuchen – sind Probleme also per definitionem inhärent. Daher ist es nicht verwunderlich, dass das Prinzip der Problemorientierung auch zentral für die politische Bildung ist. Es macht auf der inhaltlichen Ebene die Thematisierung von politischen Problemen und auf der methodischen Ebene das problemlösende Denken zum Kern der politischen Bildung. Probleme werden dabei verstanden als Sachverhalte, die aus einem unerwünschten Ausgangszustand mittels einer Bearbeitung in einen besseren Endzustand versetzt werden. Ein Problem sollte einerseits dringlich sein, grundsätzlich aber auch durch politisches Handeln lösbar, jedoch in der Ungewissheit über den richtigen Lösungsweg und seine Durchsetzbarkeit nicht einfach zu lösen sein (Goll 2022). Der methodische Dreischritt aus Situationsanalyse (Was ist?), Möglichkeitserörterung (Was ist politisch möglich?) sowie Entscheidung (Was soll geschehen?) ist dabei zentral. Er befähigt Lernende, verschiedene Lösungsvarianten zu verstehen und sich zu ihnen im Urteil zu positionieren, sei es in Zustimmung, Ablehnung, Ergänzung oder der Entwicklung eigener Lösungsvorschläge. Mit Pluralismus als Wesenskern der Demokratie lebt Politik bei ihrer Aufgabe der Problemlösung von Meinungsvielfalt und Kontroverse. Daher ist das Prinzip der Problemorientierung eng mit dem Prinzip der Kontroversität verbunden. Als „Generalprinzip der sozialwissenschaftlichen Bildung" (Reinhard 2012, 32) ist die Kontroversität nach Grammes „der Kern der Berufsethik von Pädagogen in demokratischen Gesellschaften" (Grammes 2014, 266). Müller weist darauf hin,

> „dass Kontroversen für die politische und gesellschaftliche Realität der Normalfall und nicht die Ausnahme sind. Die Kenntnis von und die Umgangsmöglichkeiten mit Kontroversen bilden die produktiven Chancen für politische Bildungserfahrungen, weil damit deutlich wird, dass gesellschaftliche Freiheit gestaltbar ist." (Müller 2022, 231)

In der Auseinandersetzung um die beste Problemlösung und deren Umsetzung sind daher gerade die verschiedenen Standpunkte und Perspektiven von Interesse. Sie sollen im Sinne des Kontroversitätsgebotes (vgl. S. 47) keineswegs verschleiert oder gar verborgen werden, sondern im Gegenteil im Unterricht erkennbar und zur diskursiven Bearbeitung dargeboten werden. Kontroversität führt bei Lernenden im günstigen Fall über den Perspektivwechsel zu einer Infragestellung und Ausdifferenzierung ihres eigenen Standpunktes oder zum Kompromiss als Ausgleich zwischen divergierenden Perspektiven.

### Exemplarität

Aus didaktischen Gründen kann Unterricht – egal in welchem Fach – niemals alle Welterscheinungen in ihrer Gesamtheit aufgreifen, sondern muss stets exemplarisch arbeiten. Dabei sind ausgewählte Themen häufig aufgrund ihrer fachlichen und zukunftsorientierten Bedeutsamkeit in Lehrplänen gesetzt, die konkreten fallbezogenen Beispiele, anhand derer die Themen im Unterricht erscheinen, sind im Politikunterricht aber ausgehend von aktuellen Ereignissen und der Passung für die jeweilige Lerngruppe auszuwählen. So kann das zentrale Themenfeld *Demokratie in Deutschland* in einer 5. bis 7. Klasse beispielsweise sowohl

a. anhand der Wahlsimulation in der U-18-Wahl,
b. der Frage nach einem Wahlrecht ohne Altersgrenze (vgl. Stiftung für die Rechte zukünftiger Generationen),
c. in der Erprobung verschiedener Partizipationsformen vor Ort oder auch
d. in der Diskussion der Fridays for Future-Demonstrationen aufgegriffen werden.

Aufgabe der Lehrkraft ist es, bei der Anwendung des Prinzips der Exemplarität stets zu prüfen, ob die ausgewählte Fragestellung tatsächlich Erkenntnisse, Einsichten und Erfahrungen ermöglicht, welche über den konkreten Einzelfall hinausgehen und somit Potenzial zur Verallgemeinerbarkeit besitzen. Zugleich sollte der Unterricht falscher Analogiebildung keinen Vorschub leisten. Aktuelle, konkrete Fragestellungen enthalten stets mittel- oder langfristige Problemstellungen, welche wiederum auf andauernden und grundsätzlichen Fragen des menschlichen Zusammenlebens basieren. Grundlegende Kontroversen und typische Argumentationslinien verschiedener Akteur:innen sollten bei der konkreten Auseinandersetzung mit dem ausgewählten Fall also deutlich werden.

### Handlungsorientierung

Handlungsorientierung gilt fächerübergreifend als wichtiges didaktisches Prinzip. Sie verknüpft – in Rückgriff auf Pestalozzi – Instruktion mit Erfahrung und Empfindung, Denken mit Handeln und Fühlen, Kopf mit Hand und Herz, Aktion mit Reflexion – und ist Ausdruck des Grundsatzes, „dass den Bildungssubjekten die selbstbestimmte und handelnde Aneignung von Wissen, das für sie subjektiv bedeutsam ist, ermöglicht wird“ (Wohnig 2022,251). Aus politikdidaktischer Sicht ist Handlungsorientierung aus drei Gründen bedeutsam: Demokratietheoretisch spiegelt sie die „Partizipationsansprüche der Subjekte“ wider, subjekttheoretisch betont sie das Primat des „Erkenntnisinteresse[s] der Lernenden“ und lerntheoretisch die „Einheit von Lernen/Reflexion und Handeln/Aktion“ (ebd). Als methodisches Prinzip im Politikunterricht fördert Handlungsorientierung die Handlungskompetenz auf drei Ebenen: im realen Handeln in und außerhalb der Schule (z.B. in Erkundungen, Befragungen, Interviews und Projekten), im simulativen Probehandeln während des Unterrichts (z.B. im Rollenspiel, im Plan- oder Entscheidungsspiel, in der Zukunftswerkstatt, der Talkshow oder der Pro-Kontra-Debatte) sowie im produktiven Gestalten in der Erstellung von Lernprodukten (z.B. Schaubild, Flugblatt, Reportage, Fotodokumentation oder Referat) (Klippert 1991). Scherb unterscheidet zudem für den Politikunterricht drei „Sinnstufen der Handlungsorientierung“ (Scherb 2020,106) mit unterschiedlich großen Sinndefiziten: *Simulationshandeln, kognitives Probehandeln* und *praktisches Handeln*. Während im *Simulationshandeln* beispielsweise hypothetische Dilemmata diskutiert werden, die keinen Realitätsgehalt für die Lernenden besitzen, kann die Behandlung einer authentischen Problemstellung mit der Methode des Planspiels im *kognitiven Probehandeln* inhaltlich an die Lebenswelt der Lernenden anschließen, ohne sie real an der Problemlösung zu beteiligen. Erst das *praktische Handeln*, beispielsweise in der Klassensprecherwahl, weist laut Scherb weder auf der Inhalts- noch auf der Ergebnisdimension Defizite auf.

### Wissenschaftsorientierung

Schließlich ist politische Bildung auch stets dem Prinzip der Wissenschaftsorientierung verpflichtet. Sie lässt sich dabei auffächern a) auf den theoretischen Umgang mit Wissen, b) die Thematisierung von Wissenschaft und ihren Modellen als auch c) auf die praktische Anwendung sozialwissenschaftlicher Methoden (Busch 2020). Selbstverständlich ist die Auseinandersetzung mit politischen Fragestellungen am aktuellen wissenschaftlichen Erkenntnisstand auszurichten, sie sollte wissenschaftliche Kontroversen ebenso wie die Grenzen und Vorläufigkeit wissenschaftlicher Erkenntnisse deutlich machen und so stets zu kritischem Denken befähigen. Als Unterrichtsprinzip beschränkt sich Wissenschaftsorientierung dabei nicht auf Wissenschaftspropädeutik in der Sekundarstufe II, sondern kann auch bereits im Anfangspolitikunterricht in Form des forschend-entdeckenden Lernens gestaltet werden (Juchler 2022, 262). Die Erprobung sozialwissenschaftlicher Methoden – z.B. in Form einer Umfrage, eines Experteninterviews, einer Präsentation oder eines Projektes – ermöglicht reflektiertes forschendes Lernen. Der Wissenschaftsorientierung verpflichteter Unterricht erweitert somit lebensweltliches Alltagswissen der Lernenden um argumentativ begründetes sowie rational nachvollziehbares und überprüfbares Wissen, welches fachübergreifendes und multiperspektivisches Denken einschließt.

## Die Leitfrage im didaktischen Check

### Aktualität

Die Leitfrage *Fridays for Future-Demonstrationen: Sind die Meinungs- und Versammlungsfreiheit wichtiger als die Schulpflicht?* der hier vorgestellten Unterrichtssequenz wird im Frühjahr 2019 entwickelt, als die Fridays for Future-Bewegung mit ihrem ersten weltweit organisierten Klimastreik am 15. März 2019 in mehr als 100 Staaten 1,8 Millionen Menschen, in Deutschland mehr als 300.000 Schüler:innen und in Berlin ca. 25.000 Menschen auf die Straße bringt. Unter den Demonstrierenden sind zahlreiche Jugendliche und auch Kinder, mitunter auch ihre Eltern, Lehrkräfte und ganze Schulklassen. In Berlin wie in vielen deutschen Städten liegt dieser Unterrichtsgegenstand wortwörtlich auf der Straße, er beschäftigt Familien, Lehrkräftekonferenzen zahlreicher Schulen, Mitarbeitende in Bildungsministerien, die Bildungsgewerkschaft GEW positioniert sich und auch Wissenschaftler:innen und Politiker:innen melden sich zu Wort (vgl. S. 72). Drei Jahre später ist die Diskussion um die Demonstrationen während der Schulzeit zwar abgekühlt, aber weiterhin virulent und aktuell: Im Frühjahr 2022 startete der zehnte weltweite Klimastreik mit insgesamt 1000 Veranstaltungen, welcher nicht der letzte gewesen sein wird.

### Lebensweltbezug

Die Problemstellung vollzieht sich zudem in der Lebenswelt der Lernenden, vorausgesetzt am Wohnort oder in der Nähe finden Fridays for Future-Demonstrationen statt. Dann stellt sich den Lernenden die Frage der Beteiligung an den

Demonstrationen tatsächlich als eine authentische im Sinne Scherbs, betrifft sie möglicherweise unmittelbar und wird im Freundeskreis, in der Familie, in der eigenen Klasse oder Schule – mit unterschiedlichem Ausgang – diskutiert.

**Dringlichkeit und Schüler:innen-Orientierung**

Die seit dem Frühjahr 2020 weltweit grassierende COVID-19-Pandemie zwang die Fridays for Future-Bewegung weitgehend zum Verzicht auf öffentliche Proteste und schwächte somit die Aktualität der Fragestellung ab, die mit der Wiederaufnahme von Protesten im öffentlichen Raum ab Juni 2021 wieder aufflammte.

Die zugrundeliegende Frage der Klimakrise hingegen hat kontinuierlich an Dringlichkeit zugenommen: Im Sommer 2021 machen beispielsweise der Bericht der Intergovernmental Panel on Climate Change auf die Beschleunigung der Klimakrise (IPCC 2021) und der Klima-Risiko-Index der UNICEF (UNICEF 2021) auf die besondere Gefährdung der Kinder aufmerksam. Der jüngste IPCC 2022 mahnt eindringlich:

> „Bei jeder weiteren Verzögerung bei Maßnahmen für den Klimaschutz und die Anpassung an den Klimawandel werde sich „das Fenster der Gelegenheit schließen, eine lebenswerte und nachhaltige Zukunft für alle zu sichern. [...] Die angehäuften wissenschaftlichen Belege sind eindeutig: Der Klimawandel ist eine Bedrohung für das Wohlergehen des Menschen und die Gesundheit des Planeten." (Ciesinger/Recber 2022)

Schließlich gewinnt die Notwendigkeit des Ausstiegs aus fossilen Energieträgern mit dem Krieg in der Ukraine seit März 2022 auf Grund der großen Abhängigkeit von Lieferungen Russlands an Deutschland und viele Staaten der EU eine zusätzliche geostrategische Bedeutung.

Dass die Fridays for Future – Bewegung 2018 ihren Anfang mit dem Engagement von Greta Thunberg, einer damals 15-jährigen Schülerin, nahm und bis heute von Jugendlichen und Studierenden getragen wird, erhöht außerdem die Schüler:innen-Orientierung des Themas, beleuchtet es doch zivilgesellschaftliches Engagement Jugendlicher, welches die *große* Politik und ihre Akteur:innen herausfordert. In dem Bezug der Klimaproteste auf die wahrscheinlich drängendste Zukunftsfrage nach dem Umgang mit der Klimakrise besitzt das Thema zudem eine überindividuelle, ja globale Bedeutsamkeit und Dringlichkeit, der Lernende sich nur entziehen können, wenn sie den anthropogenen Klimawandel als solchen nicht anerkennen.

**Problemorientierung und Kontroversität**

Die Problemorientierung der Sequenzthematik liegt also sowohl in der zugrundeliegenden Frage nach dem Umgang mit der Klimakrise als auch zugespitzt auf die Frage *Demonstrieren während der Unterrichtszeit?* auf der Hand. Dass sie auf allen Ebenen – von der Familie bis zur Bildungspolitik – eine kontrovers diskutierte Fragestellung war bzw. ist, fächert die Sachanalyse (vgl. ab S. 69) detailliert auf und tritt auch in der Sequenzstruktur (vgl. ab S. 87) zu Tage.

**Exemplarität**

Dem Prinzip der Exemplarität gerecht werdend, verweist das in der Sequenzleitfrage aufgegriffene, konkrete Fallbeispiel nach der Beteiligung an Fridays for Future-Demonstrationen während der Unterrichtszeit auf drei allgemeine Fragestellungen:

- Über den Aspekt *Demonstration* wird eine demokratische Teilhabemöglichkeit von Kindern und Jugendlichen thematisiert, die ihnen bereits vor ihrem Eintritt in das Wahlalter zur Verfügung steht. Im Zusammenhang mit weiteren Partizipationsformen lernen die Schüler:innen also in der Informationsphase der Sequenz (vgl. ab S. 95) zum einen, dass Demokratie Partizipation bedeutet, diese ermöglicht und einfordert, zum anderen aber auch, dass nicht allen Menschen in Deutschland gleiche Teilhabemöglichkeiten eingeräumt werden, sondern diese an Voraussetzungen (z.B. Alter und Staatsangehörigkeit) gebunden sind.
- Über die Aspekte *Meinungsfreiheit, Demonstrations- und Versammlungsfreiheit* sowie *Schulpflicht* lernen die Schüler:innen auch in der Informationsphase (vgl. ab S. 95) zentrale Grund- und Kinderrechte kennen, ebenso wie die Schulpflicht, der sie sich in Deutschland nicht entziehen können. In der exemplarischen Thematisierung dieser Rechte und Pflichten erkennen die Lernenden, dass gesellschaftliches Zusammenleben durch Rechte und Pflichten geregelt wird, diese gesetzlich verbrieft sind, ihre Verwirklichung im konkreten Fall aber durchaus eingeschränkt werden kann und verteidigt werden muss.
- Der Normenkonflikt, welcher sich aus der Gegenüberstellung von Rechten einerseits und der Schulpflicht andererseits ergibt, erfordert von ihnen eine Abwägung und Hierarchisierung von Werten und Argumenten, welche sie in der Analysephase der Sequenz kennenlernen und deren individuelle Hierarchisierung sie in der Urteilsphase zum individuellen politischen Werturteil befähigt (vgl. ab S. 107).

### Handlungsorientierung

Das Prinzip der Handlungsorientierung verwirklicht die Unterrichtssequenz einerseits mittels der integrierten Makromethode der Talkshow, welche den Lernenden in der Handlungsphase (vgl. S. 103) gründlich vorbereitetes, simulatives Probehandeln ermöglicht. Damit fördert die Unterrichtssequenz Handlungskompetenz, derer sich die Lernenden im Schulkosmos bedienen können und die sich aber auch und vor allem in der außerschulischen Realität bewähren sollte. Endet die Unterrichtssequenz nicht mit dem Urteil und der Reflexion, sondern wird darüber hinaus auch reales Handeln angestoßen (vgl. S. 113), so wird im Sinne Wohnigs Handlungsorientierung nicht nur als Methode, sondern andererseits auch als Ziel politischer Bildung angebahnt (Wohnig 2022).

### Wissenschaftsorientierung

Schließlich erfüllt die Sequenz den Anspruch der Wissenschaftsorientierung dann, wenn die Lehrkraft sich in ihrer Sachanalyse den aktuellen Sachstand zu Fragen des Klimawandels, der Partizipation im Allgemeinen, als auch von Kindern und Jugendlichen im Besonderen sowie zu elementaren Grund- und Kinderrechte erarbeitet und diesen in ihrer Materialauswahl und -erstellung zugrunde legt.

Die Leitfrage der exemplarischen Unterrichtssequenz wird also allen politikdidaktischen Prinzipien gerecht und besteht damit den *politikdidaktischen Check.* Dergestalt bestätigt folgt als nächster Schritt der Unterrichtsplanung die Sachanalyse zu eben dieser Leitfrage (vgl. folgendes Kapitel „In der Sachanalyse die fachliche Fundierung sicherstellen“), in der sich die Lehrkraft in die ausgewählte Thematik einarbeitet, um die eigene fachliche Kompetenz sicherzustellen. Dazu stellen ihr die Politikwissenschaft und Politikdidaktik verschiedene Verfahren zur Verfügung, welche im folgenden Kapitel vorgestellt und angewandt werden.

**Weiterführende Literaturhinweise für die Lehrkraft:**

- Achour (u. a.) (Hg.) (2020): Wörterbuch Politikunterricht. Frankfurt/M.
- Sander/Pohl (Hg.) (2022): Handbuch Politische Bildung. Frankfurt/M.

## In der Sachanalyse die fachliche Fundierung sicherstellen

Um sich fachlich in eine politische Fragestellung einzuarbeiten, bieten sich verschiedene Modelle an: Politikwissenschaftler:innen nutzen in der Regel das Analyseverfahren der *Drei Dimensionen des Politischen,* Politikdidaktiker:innen häufig auch das Modell des *Politikzyklus'*. Zudem empfiehlt die Autorin die *Argumentationsanalyse*, welche auf Massings Modell der Urteilsbildung (vgl. S. 56–59) basiert. Alle drei Verfahren dienen zur strukturierten Einarbeitung der Lehrkraft in das Thema und ermöglichen ihr somit den Aufbau einer soliden fachlichen Kompetenz. Auf dieser Basis kann sie im weiteren Verlauf der Unterrichtsplanung dann das Thema auf eine geeignete Leitfrage für die Unterrichtssequenz zuspitzen, eine begründete didaktische Reduktion vornehmen sowie Inhalte und Materialien auswählen. Alle drei Verfahren werden zunächst kurz als Modell vorgestellt, bevor sie in der Anwendung auf das Thema der hier dargestellten Unterrichtssequenz veranschaulicht werden.

**Das Analyseverfahren der *Drei Dimensionen des Politischen***

Während die deutsche Sprache *Politik* nur in einem Wort erfasst, kennt das Englische die drei Begriffsfacetten *polity, politics und policy*.

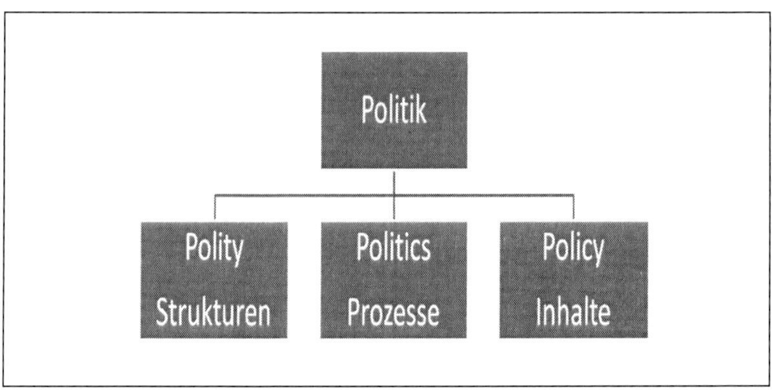


**Abb. 14: Die drei Dimensionen des Politischen. Eigene Darstellung.**

*polity* bezeichnet die Ordnung des politischen Systems und damit den politischen Handlungsrahmen, innerhalb dessen politische Entscheidungen getroffen werden. Dieser ist zwar nicht statisch, allerdings auch nicht beliebig und nur in langfristigen Prozessen veränderbar. Somit erfasst die Polity-Dimension „geronnene" Politik als festgeschriebenes Resultat vergangener Aushandlungsprozesse und noch in der Gegenwart wirksamer Machtverhaltnisse (Frech/Massing 2020, 17). Auf nationaler Ebene ist der politische Handlungsrahmen in der Rechtsordnung und der Verfassung festgeschrieben, auf internationaler Ebene in Abkommen und dem Völkerrecht. Rohe (1994) zählt außerdem die *politische Kultur*, also gesellschaftliche Orientierungs- und Verhaltensmuster, zum Handlungsrahmen.

*politics* bildet den Prozesscharakter von Politik ab und untersucht, welche Akteur:innen im politischen Aushandlungsprozess beteiligt sind, wodurch sie legitimiert sind, auf welche Art und Weise sie in der politischen Auseinandersetzung agieren und wer von der schließlich getroffenen politischen Entscheidung unmittelbar betroffen ist.

*policy* erfasst den Gegenstand und damit die Inhalte und Ziele der Politik. Die Analyse der Policy-Dimension stellt also das politische Problem zunächst dar, beschreibt verschiedene Lösungsentwürfe und – wenn denn bereits vorhanden – das Ergebnis des politischen Aushandlungsprozesses und seine Bewertung.

### Das Analyseverfahren der *Drei Dimensionen des Politischen* angewandt

Angewandt auf die Leitfrage *Fridays for Future-Demonstrationen: Sind die Meinungs- und Versammlungsfreiheit wichtiger als die Schulpflicht?* ergeben sich folgende Analyseergebnisse mit Hilfe der *Drei Dimensionen des Politischen*:

### Policy

Das politische Problem besteht konkret in dem Spannungsverhältnis zwischen der Versammlungs- und Meinungsfreiheit der Schüler:innen einerseits sowie ihrer Schulpflicht andererseits, welches sich durch den Aufruf der Fridays for Future-Bewegung zu Klimastreiks während der Schulzeit ergibt. Die weltweite, wesentlich von Schüler:innen und Studierenden getragene Protestbewegung *Fridays for Future* versteht sich als „international, überparteilich, unabhängig und dezentral organisiert" (FFF o.J.). Ihr Ziel ist die Einhaltung des Pariser Klimaabkommens von 2015, d.h. zentral die Umsetzung der vereinbarten 1,5-Grad-Ziels. Da die Bewegung die Klimakrise als „reale Bedrohung für die menschliche Zivilisation" und deren Bewältigung als „die Hauptaufgabe des 21. Jahrhunderts" (FFF o.J.) wahrnimmt, welche keinen Aufschub erlaube, ruft sie zu den – „Klimastreik" genannten – Demonstrationen auf. Luisa Neubauer, die führende Aktivistin der Fridays for Future-Bewegung in Deutschland, begründet die Demonstrationen während der Schulzeit mit der Dringlichkeit der Fragestellung, die auch „drastische Maßnahmen" rechtfertige, um „prominent gehört" zu werden (Tagesspiegel 2019).

Im Zentrum der Unterrichtssequenz stehen die politischen und pädagogischen Reaktionen auf die Klimastreiks, welche sehr unterschiedlich ausfallen und auf rechtlicher Ebene nicht zu einer einheitlichen Regelung geführt haben. Zugleich sind die Aktivitäten der Fridays for Future-Bewegung eine Stimme innerhalb der Kontroverse, mit welchen Maßnahmen und in welchem Tempo der globalen Klimakrise national und international politisch zu begegnen sei. Diese bedeutsame und weitaus größere Fragestellung wird aus Gründen der didaktischen Reduktion allerdings in *dieser* Unterrichtssequenz nicht aufgegriffen, sollte aber Gegenstand einer weiteren Unterrichtssequenz sein.

## Politics

### Teilnehmende und Aktivist:innen

Das politische Problem stellt sich zunächst für Schüler:innen, welche an den Fridays for Future-Demonstrationen während der Schulzeit – in Anspruchnahme ihrer Rechte auf freie Meinungsäußerung und Versammlungsfreiheit, aber entgegen ihrer Schulpflicht teilnehmen möchten.

Die Klimastreik-Bewegung *Fridays For Future*, welche 2018 mit dem Engagement einer einzelnen Person, der damals 15-jährigen Schwedin Greta Thunberg, begann und sich bis heute zu einer weltweiten, vornehmlich von Schüler:innen und Studierenden getragenen Bewegung entwickelt hat, erhält bedeutsame Unterstützung durch verschiedene assoziierte Organisationen, wie *Scientists for Future* (SFF o.J.), *Teachers for Future* (TFF o.J.) oder *Parents for Future* (PFF o.J.). Ebenso erklärt sich die Nichtregierungsorganisation *Germanwatch* mit der Klimaschutzbewegung solidarisch: „Germanwatch ist begeistert, dass Jugendliche sich politisch gegen die Klimakrise und für die Umsetzung der Klimaziele des Pariser Abkommens positionieren und erklärt sich mit ihnen solidarisch […] Es ist eine Gewissensentscheidung für jede Schülerin und jeden Schüler, ob man das Recht auf Versammlung höherstellt als die Schulpflicht. Zu einer Gewissensentscheidung kann man nicht aufrufen. Aber wir können die Zivilcourage vieler ermutigt zur Kenntnis nehmen.“ (German Watch 2019)

### Stimmen aus dem Schulkontext

*Lehrkräften* und *Schulleitungen*, die per Gesetz der Einhaltung der Schulpflicht verpflichtet sind, stellt sich die Frage, wie sie auf die demonstrierenden Schüler:innen reagieren. Ihre Reaktionen reichen von Sanktionen (Bußgelder, Eintrag von Fehlzeiten, Nacharbeiten) oder dem bewussten Erschweren der Teilnahme durch zeitgleich stattfindende Leistungskontrollen über das Verständnis für das Fehlen im Unterricht bis hin zur Unterstützung durch die eigene oder – z.T. als Ausflug deklarierte – klassenweise Teilnahme an den Demonstrationen.

Der *Deutscher Lehrerverband* bewertet die Teilnahme von Schüler:innen an den Demonstrationen kritisch. Zwar begrüße er „ausdrücklich, dass sich Kinder und Jugendliche verstärkt für ihre Zukunft und mehr Klimaschutz engagieren" und fordert „pädagogisches Fingerspitzengefühl" in der schulischen Reaktion auf die Teilnahme an Vormittagsdemonstrationen. Zugleich betont er aber die große Bedeutung des Fachunterrichts und weist darauf hin, dass „an einem langfristigen Engagement in Verbänden, bei Umweltgruppen und in den Jugendorganisationen der Parteien kein Weg vorbei" –führe: „Nur wenn die Fridays-for-future-Bewegung dazu einen Beitrag leistet, wird sie tatsächlich Nachhaltigkeit und positive Änderungen erreichen und bewirken können!" (Deutscher Lehrerverband 2019).

Die *Kultusministerkonferenz* versagt in einem Beschluss aus dem Jahr 1973 Schüler:innen während der Unterrichtszeit das Demonstrationsrecht – „Die Teilnahme an Demonstrationen rechtfertigt nicht das Fernbleiben vom Unterricht" (KMK 1973) –, aktualisierte den vor knapp 50 Jahren gefassten Beschluss mit Blick auf die Fridays for Future-Debatte allerdings nicht.

Die *Gewerkschaft Erziehung und Wissenschaft* hingegen begrüßt die Demonstrationen (GEW 2019). Angesichts der Proteste drei Tage vor der Bundestagswahl im September 2021 erklärt sich beispielsweise die GEW Baden-Württemberg solidarisch mit der Klima-Bewegung und ruft „die Beschäftigten in den Schulen und allen Bildungseinrichtungen dazu auf, sich im Rahmen ihrer Möglichkeiten zu beteiligen." Die Landesvorsitzende Monika Stein ist „überzeugt, dass die Schulleitungen konstruktive Lösungen finden, wenn sich Schülerinnen und Schüler an den Streikaktionen beteiligen. Harte Strafen und Bußgelder sind nicht angemessen." (GEW 2021)

Die *Kulturminister:innen der Bundesländer* reagieren ebenfalls unterschiedlich auf die Klimastreiks: Der hessische Kultusminister kritisiert die Demonstrationen während der Unterrichtszeit mit dem Verweis auf die Möglichkeit ihrer Durchführung in unterrichtsfreien Zeiten und den bereits errungenen Erfolg, medialer Aufmerksamkeit (Averesch/Beer 2019). Auch die nordrhein-westfälische Schulministerin mahnt die Durchsetzung der Schulpflicht an, hält aber zugleich „den Besuch einer politischen Veranstaltung (‚Demonstration') im Klassen- oder Kursverband im Rahmen des Unterrichts als Unterricht an einem außerschulischen Lernort" für denkbar (MSB NRW 2019). Die Berliner Bildungssenatorin „sieht das politische Engagement der Schüler mit Sympathie"

(DPA 2019). Zwar besteht auch sie auf der Schulpflicht, verweist aber zugleich auf die Möglichkeit von Projektstunden und -tagen zum Thema Klimaschutz und die Verankerung der Bildung für Nachhaltige Entwicklung im Berliner Rahmenlehrplan.

### Politiker:innen-Stimmen

Ähnlich unterschiedlich positionieren sich prominente Politiker:innen zu der Teilnahme der Schüler:innen an den Demonstrationen.

So erklärt der FDP-Parteichef Christian Lindner 2019 den Klimaschutz zu einer „Sache für Profis" und spricht den Demonstrierenden die notwendige Kompetenz ab: „Von Kindern und Jugendlichen kann man nicht erwarten, dass sie bereits alle globalen Zusammenhänge, das technisch Sinnvolle und das ökonomisch Machbare sehen." Statt zu streiken, sollten sich die Jugendlichen „lieber über physikalische und naturwissenschaftliche sowie technische und wirtschaftliche Zusammenhänge informieren". Er plädiert für die Verlegung der Proteste in die Freizeit (Tagesspiegel 2019).

**Abb. 15: Tweet von Christian Lindner, 10.3.2019.**

Fridays for Future

"Es bleibt die Tatsache, dass sie dafür die Schule schwänzen"

CDU-Chefin Annegret Kramp-Karrenbauer sieht die Proteste für mehr Klimaschutz während der Schulzeit skeptisch. Sie würde ihren Kindern keine Entschuldigung schreiben.

15. März 2019, 23:27 Uhr / Quelle: ZEIT ONLINE, dpa, pfe / 1.659 Kommentare /

*Beim politischen Aschermittwoch hat Annegret Kramp-Karrenbauer die Fridays-for-Future-Proteste kritisiert. © Sean Gallup/Getty Images*

**Abb. 16: ZEIT Online, 15.3.2019.**

Die damalige CDU-Vorsitzende Annegret Kramp-Karrenbauer kritisiert ebenso 2019 die Demonstrationen während der Schulzeit: „Es bleibt die Tatsache, dass sie dafür die Schule schwänzen" (ZEIT online 2019). Sie fordert das eigenständige Nacharbeiten des versäumten Unterrichtsstoffes und würde eigenen Kindern keine Entschuldigung schreiben.

Auch Baden-Württembergs Ministerpräsident Winfried Kretschmann (Bündnis 90/Die Grünen) kennzeichnet die Teilnahme an Fridays for Future-Demonstrationen als Schwänzen, dass er einmalig als zivilen Ungehorsam rechtfertigt, als regelmäßiges Verhalten jedoch nicht toleriert: „Nur: Ziviler Ungehorsam ist ein symbolischer Akt. Das kann keine Dauerveranstaltung sein" (WELT 2019). Er sagt künftige Sanktionen voraus.

Gegenteilig äußert sich 2019 der damalige Parteivorsitzende der Grünen und jetziger amtierender Wirtschafts- und Klimaschutzminister Robert Habeck: Die Schülerstreiks für das Klima seien ein „großer politischer Akt", Einträge ins Klassenbuch wären deswegen „in ein paar Jahren wertvoller [...] als jede Urkunde von den Bundesjugendspielen." (Wiedemann 2019)

Auch die damalige Bundeskanzlerin Angela Merkel (CDU) lobte die Schülerdemonstrationen als „sehr gute Initiative" in ihrer Funktion als Mahner der Politik (Merkel 2019).

**Blickwinkel Politische Bildung**

Auch der Wert der Klimastreik-Bewegung für die politische Bildung der teilnehmenden Schüler:innen wird unterschiedlich wahrgenommen.

Der Assistenzprofessor Fopp bewertet die Klimastreiks als „demokratiebildende Aktion“:

> „Die Streiks sind aus meiner Sicht nicht einfaches Schulschwänzen, sondern demokratiebildende Aktionen. Bei der Diskussion um die Bestrafung kommt eine zentrale Frage ins Spiel: Was sollen Jugendliche in der Schule lernen? Wichtig ist doch, dass die Schüler zu Mündigkeit und Wertschätzung gegenüber der Gesellschaft als Ganzes und damit auch der Umwelt befähigt werden.“ (Zwingli 2019)

Auch die Politikprofessorin Abendschön bewertet die bei Fridays for Future engagierten Jugendlichen als „kritische Bürger:innen“: „Das aktuelle Engagement von Jugendlichen im Kontext der FFF-Bewegung lässt sich als eine deutliche politische Wortmeldung und Einmischung der Jugend interpretieren.“ Die Themen Klimawandel und Umwelt seien in der Lage, „vormalige Standby-Citizens […] zu einem dauerhaften politischen Engagement“ zu mobilisieren (Abendschön 2020, 26).

Der Journalist und FFF-Aktivist Samlidis betont mit Blick auf „niedrigschwelliges skillsharing, zum Beispiel zur Öffentlichkeitsarbeit, Videoschnitt oder dem Aufbau von Demonstrationstechnik“ (Samlidis 2020,70) den Bildungswert der FFF-Bewegung:

> „Der Schulstreik, mit dem Greta Thunberg im August 2018 die FFF-Bewegung initiiert, kann daher nicht als Bildungsignoranz gewertet werden, sondern im Gegenteil: Der unermüdliche ehrenamtliche Einsatz tausender Aktivist/-innen macht Bildung möglich, die staatlich niemals organisiert werden könnte.“ (ebd.)

Inhaltliche Seminare im Zusammenhang mit den Demonstrationen böten „Austauschmöglichkeiten, die in dieser Form wohl kaum eine reguläre Schule bieten kann“ (ebd.)

Der Politologe Korfkamp und der Soziologe Steuten hingegen kritisieren die Einfachheit der Botschaften und Forderungen der Protestbewegung und deren große politische und mediale Aufmerksamkeit:

> „Der fatale Fehler, dabei der Faszination des Unterkomplexen zu erliegen, ist aber weniger den jugendlichen Aktivisten und ihrem Idealismus zuzuschreiben als den Politiker/-innen und Massenmedien, die sich in der Öffentlichkeit an einem intellektuellen Unterbietungswettbewerb in symbolischer und emotionalisierter Politik beteiligen" (Korfkamp/Steuten 2020, 75).

## Polity

### Grundrechte und Schulpflicht

Das *Recht auf freie Meinungsäußerung* ist als Grundrecht in Artikel 5 des deutschen Grundgesetzes und ebenso als Kinderrecht im Artikel 13 der UN-Kinderrechtskonvention verankert:

> „Jeder hat das Recht, seine Meinung in Wort, Schrift und Bild frei zu äußern und zu verbreiten und sich aus allgemein zugänglichen Quellen ungehindert zu unterrichten." (GG, Art. 5 Abs. 1)

> „Das Kind hat das Recht auf freie Meinungsäußerung;" (UN-KRK Art. 13 Abs. 1)

Die *Versammlungsfreiheit* im Artikel 8 des Grundgesetzes – „Alle Deutschen haben das Recht, sich ohne Anmeldung oder Erlaubnis friedlich und ohne Waffen zu versammeln." (GG, Art.8,1) – enthält keine Altersangabe und gesteht also auch Kindern und Jugendlichen das Demonstrationsrecht zu. Allerdings ist es ein Bürger:innenrecht und wird daher nur deutschen Staatsangehörigen zugestanden. Menschen ohne deutsche Staatsangehörigkeit können sich jedoch auf die allgemeine Handlungsfreiheit (GG, Art.2, 1) berufen.

In Bezug auf das Fallbeispiel der Teilnahme an Fridays for Future-Demonstrationen während der Unterrichtszeit steht den genannten Grundrechten allerdings die *Schulpflicht* entgegen. Sie leitet sich aus Artikel 7 des Grundgesetzes ab:

> „Das gesamte Schulwesen steht unter der Aufsicht des Staates" (GG, Art. 7 Abs. 1)

Der staatliche Erziehungsauftrag wird in der föderalen Bildungsstruktur der Bundesrepublik Deutschland durch Landesgesetze in den Landesverfassungen der Bundesländer geregelt. Für Berlin heißt es beispielsweise in § 41 des Berliner Schulgesetzes:

> „Schulpflichtig ist, wer in Berlin seine Wohnung oder seinen gewöhnlichen Aufenthalt oder seine Ausbildungs- oder Arbeitsstätte hat." (SchulG 2004/2022, §41)

Neben dem staatlichen Erziehungsauftrag formuliert das Grundgesetz in Artikel 6 auch das *Recht und die Pflicht der Eltern zur Erziehung* ihrer Kinder:

> „Pflege und Erziehung der Kinder sind das natürliche Recht der Eltern und die zuvörderst ihnen obliegende Pflicht." (GG. Art.6,2)

Das Berliner Schulgesetz nimmt folgerichtig die Eltern konkret in die Verantwortung für die Einhaltung der Schulpflicht ihrer Kinder:

> „Die Erziehungsberechtigten verantworten die regelmäßige Teilnahme der oder des Schulpflichtigen am Unterricht und an den sonstigen verbindlichen Veranstaltungen der Schule." (SchulG 2004/2022, §44)

Den genannten rechtlichen Vorgaben zur *Schulpflicht* steht angesichts der Klimakrise die Dringlichkeit einer entschlossenen und wirksamen internationalen wie nationalen Klimaschutzpolitik entgegen, welche die Demonstrant:innen auf die Straße treibt.

**Klimapolitische Regelungen und Abkommen**

In Deutschland besitzt der *Schutz der natürlichen Lebensgrundlagen*- seit 1994 formuliert in Artikel 20a des Grundgesetzes – als Staatsziel Verfassungsrang und wird damit zur Aufgabe des deutschen Staates:

> „Der Staat schützt auch in Verantwortung für die künftigen Generationen die natürlichen Lebensgrundlagen und die Tiere im Rahmen der verfassungsmäßigen Ordnung durch die Gesetzgebung und nach Maßgabe von Gesetz und Recht durch die vollziehende Gewalt und die Rechtsprechung." (GG, Art. 20a)

Mit der 2016 erfolgten Unterzeichnung des ersten rechtlich verbindlichen, internationalen Klimaabkommens, das Übereinkommen *von Paris* über den Klimawandel 2015 (VN 2015), welches 2016 in Kraft trat, verpflichtet sich Deutschland, den Anstieg der globalen Durchschnittstemperatur auf deutlich unter 2 °C und möglichst auf 1,5 °C gegenüber dem vorindustriellen Niveau zu begrenzen.

Das 2019 verabschiedete *Bundes-Klimaschutzgesetz* (KSG 2021) bezweckt die Umsetzung eben dieser Verpflichtung (KSG, §1) auf nationaler Ebene, formuliert konkrete nationale Klimaschutzziele (KSG, §3) und beziffert exakte zulässige Jahresemissionsmengen sowie jährliche Minderungsziele für verschiedene Sektoren (KSG, § 4). Auf die *Kritik des Bundesverfassungsgerichts* (BVerfG2021), welches die erste Fassung des Gesetzes – v.a. mit Blick auf Art. 20a des Grundgesetzes – in Teilen mit den Grundrechten für unvereinbar einstufte, reagiert die 2021 vorgenommene Verschärfung des Gesetzes: In seiner aktuellen Fassung verpflichtet sich Deutschland bereits bis 2030 die Emissionen um 65 % gegenüber 1990 zu senken und bereits 2045 klimaneutral zu werden.

Neben dem v.a. in der Politikwissenschaft weit verbreiteten Analyseverfahren der *Drei Dimensionen des Politischen* bietet die Politikdidaktik den *Politikzyklus* als weiteres Analyseinstrument zur strukturierten Einarbeitung in ein Themenfeld an.

### Der *Politikzyklus*

Das Analyseverfahren des Politikzyklus' basiert auf dem Verständnis von Politik als einem kontinuierlichen Prozess von Problembearbeitungen und betont dabei – in Abgrenzung zum statischen Analyseverfahren der *Drei Dimensionen des Politischen* – gerade die Dynamik von Politik.

Zur Analyse unterscheidet das Modell des *Politikzyklus'* nach Ackermann u.a. (2010) sechs verschiedene Phasen innerhalb politischer Entscheidungsprozesse: Ausgangspunkt ist die *Problemsetzung* und *-beschreibung*. Öffentliche und handlungsrelevante Probleme werden mittels der Kritik und der Forderung bestimmter gesellschaftlicher Gruppen so deutlich sichtbar gemacht und so lautstark formuliert, dass sie von politischen Akteur:innen auf die politische Entscheidungsagenda gehoben werden. In der folgenden *Auseinandersetzung* wird das so formulierte politische Problem von verschiedenen politischen Akteur:innen diskutiert und meist so weit verhandelt, dass eine konkrete politische Entscheidung auf administrativer Ebene – meist in Form von Gesetzgebungsprozessen – vorbereitet wird. Wird diese *Entscheidung* in der Umsetzung einer spezifischen Problemlösung nach einem – in der Demokratie in der Regel langem – Aushandlungsprozess dann tatsächlich getroffen, folgt schließlich die Umsetzung der Entscheidung, ihr *Vollzug*. Alle am Entscheidungsprozess Beteiligten und alle von der Entscheidung Betroffenen machen dann mit der Entscheidung konkrete Erfahrungen, welche zur – je Perspektive unterschiedlichen – *Bewertung der Entscheidung* führen. In *individuellen und kollektiven Reaktionen* finden die

Bewertungen ihren Ausdruck. Sind die Bewertungen kritischer und bedeutsamer Natur, kann damit ein neues politisches Problem entstehen, womit der nächste *Politikzyklus* gestartet wird.

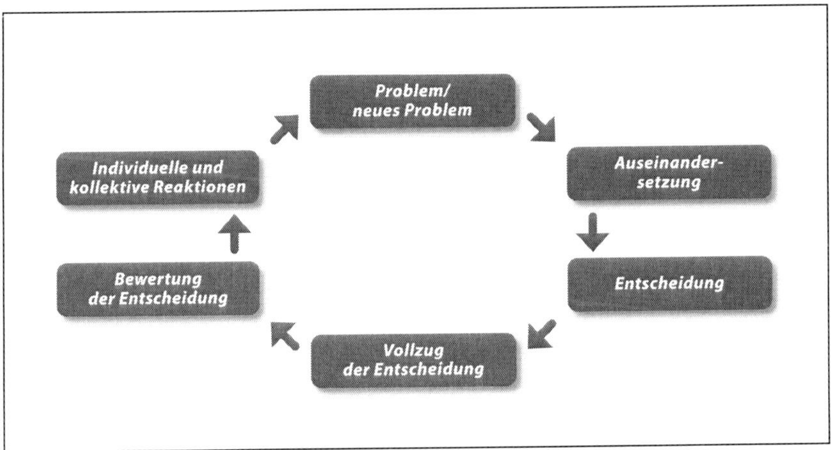


**Abb. 17: Politik als Prozess der Problemlösung. In: Ackermann u. a. 2010, 33.**

Politik wird in diesem Analysemodell also innerhalb einer plural verfassten Gesellschaft als naturgemäß nicht endender Kreislauf von Problemformulierungen und Problemlösungen verstanden. Es verweist damit auf die Dynamik von Politik in ihrer Abfolge von einer vergangenen Entstehungsgeschichte aktueller politischer Problemsituationen zur Entwicklung, Diskussion und Aushandlung konkreter Problemlösungen in Form politischer Entscheidungen, welche in ihrer Umsetzung Folgen zeitigt.

Das hier idealtypisch in sechs Phasen vereinfachte Modell zur Analyse politischer Fragestellungen wird durch die Integration verschiedener Einflussfaktoren erweitert, die aus dem Analyseverfahren der *Drei Dimensionen des Politischen* bereits bekannt sind: So sind an allen Phasen des Problemlösungsprozesses je spezifische *Akteur:innen* und *Institutionen* beteiligt, die unterschiedliche *Situation*sbeschreibungen abliefern und verschiedene *Erfahrungen* berücksichtigen. Im politischen Aushandlungsprozess werden verschiedene *Interessen* aus unterschiedlich *macht*vollen Positionen heraus artikuliert und verhandelt, in differenzierte *Lösungsentwürfe* umformuliert und dabei im Handlungsrahmen der *Rechtslage* und *Verfassung* (Legalität) mittels *Werten* und *Ideologien* (Legitimität) sowie *Kosten und Nutzen* (Effizienz) begründet.

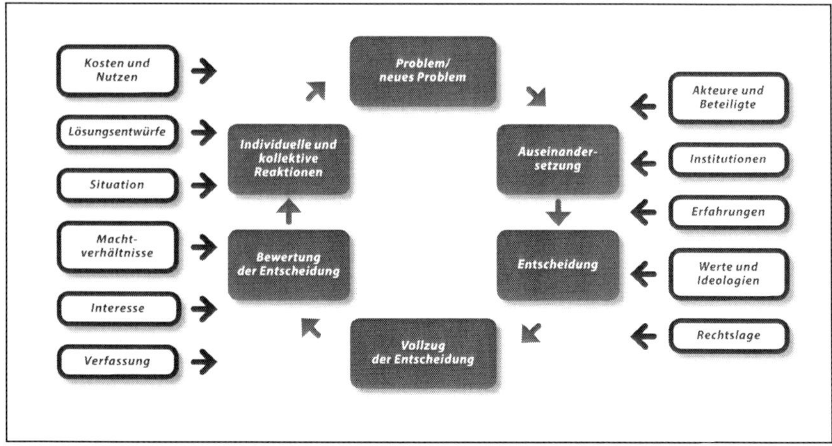


**Abb. 18: Einflussfaktoren auf den Politikzyklus. In: Massing 1995, 87, zitiert nach Achour u. a. (2020 a), 20.**

## Das Analyseverfahren des *Politikzyklus'* angewandt

Angewandt auf die Leitfrage *Fridays for Future-Demonstrationen: Sind die Meinungs- und Versammlungsfreiheit wichtiger als die Schulpflicht?* ergeben sich folgende Analyseergebnisse mit Hilfe des Politikzyklus', wobei auf identische Ergebnisse aus der Analyse nach den *Drei Dimensionen des Politischen* hingewiesen, diese aber nicht ausgeführt werden, um Wiederholungen zu vermeiden.

Das *Ausgangsproblem* ist – wie oben unter dem Stichwort *Polity* formuliert – die Fragestellung, ob angesichts der Dringlichkeit einer veränderten Klimapolitik zur Abwehr der Klimakrise Demonstrationen von Schüler:innen während der Unterrichtszeit angemessen und mit Blick auf die Versammlungs- und Meinungsfreiheit gerechtfertigt sind oder ihre Schulpflicht oberste Priorität haben sollte und daher die Demonstrationsteilnahme verboten werden sollte.

Die unmittelbar an der Auseinandersetzung *Beteiligten* sind demonstrationswillige Schüler:innen, ihre Lehrkräfte, Schulleitungen und Eltern. Die Klimastreik-Bewegung Fridays For Future ist durch ihren Aufruf zu den Demonstrationen während der Schulzeit ursächlich für die Entstehung der Fragestellung verantwortlich. Sie ist es, die den dringlichen Appell an Politiker:innen weltweit zur Einhaltung des auf der Pariser Klimakonferenz von 2015 vereinbarten 1,5-Grad-Ziels eine deutliche Sichtbarkeit verleiht und die Thematik – unterstützt von weiteren zivilgesellschaftlichen Akteuren wie z. B. Germanwatch – auf der politischen Agenda wachhält. Auf schulpolitischer Seite treten als mittelbare *Akteure* der Deutsche Lehrerverband, die Gewerkschaft Erziehung und Wissenschaft sowie die Kultusministerkonferenz auf. Staatlicherseits ergriffen zahlreiche Kultusminister:innen der Bundesländer sowie einzelne prominente Politiker:innen in der Auseinandersetzung das Wort. Von einem Beobachterstandpunkt aus kommentierten auch Wissenschaftler:innen verschiedener Professionen die Fragestellung (vgl. Absatz *Politics*).

Auf staatlicher Ebene ist es bisher nicht zu einer *Entscheidung* in Form einer Änderung der bundesländerspezifischen Schulgesetze gekommen, sondern bei Empfehlungen der bildungspolitischen *Akteure* geblieben. Dessen ungeachtet haben Schüler:innen individuell entschieden, an den Demonstrationen teilzunehmen und währenddessen Unterricht zu versäumen oder eben nicht zu demonstrieren und am Unterricht teilzunehmen. Damit zwingen sie Lehrkräfte, Schulleitungen und Eltern wiederum zu individuellen Reaktionen auf ihr Handeln.

Demonstrierende Schüler:innen berufen sich als *Rechtslage* ihres Handelns auf ihr im Grundgesetz und den Kinderrechten verankertes Recht auf freie Meinungsäußerung und ihre Versammlungsfreiheit. Gegner:innen ihrer Demonstrationsteilnahme ordnen demgegenüber dem staatlichen Erziehungsauftrag und der Schulpflicht einen höheren Rang ein. Zur Betonung der staatlichen Verantwortung zum wirksamen Handeln verweisen die Demonstrierenden auf die ebenfalls in der *Verfassung* festgeschriebene staatliche Pflicht zum „Schutz der natürlichen Lebensgrundlagen" und das auch von Deutschland unterzeichnete Pariser Klimaabkommen und die damit einhergehende Verpflichtung Deutschlands zur Reduktion der CO2-Emissionen (vgl. Absatz *Polity)*.

Umweltschutz und Bildung führen sowohl Befürworter:innen als auch Gegner:innen der Fridays for Future-Proteste als die ihrem Handeln zugrundeliegenden *Werte* an (Legitimität), ziehen aus der Bezugnahme auf diese interessanterweise allerdings gegensätzliche Schlüsse. Auch in der Abwägung von *Kosten und Nutzen* (Effizienz) beziehen sich beide Seiten auf die Wirksamkeit ihres Handelns und die der Entscheidung zum Demonstrieren zugrundeliegende wissenschaftliche Kompetenz (vgl dazu genauer die folgende Argumentationsanalyse im nächsten Kapitel).

Die *Interessen* beider Seiten liegen vordergründig in der gemeinsamen Betonung des Umweltschutzes und der Bildung gar nicht weit auseinander, allerdings füllen sie die jeweiligen Ziele unterschiedlich: Während die Befürworter:innen die Demonstrationen als essentiell zur Abwendung der Klimakrise erachten, bezweifeln ihre Kritiker:innen deren Notwendigkeit und verweisen stattdessen auf die vielfältigen anderen Möglichkeiten individuellen und gesellschaftlichen klimafreundlichen Engagements. Zudem betonen sie die

Dringlichkeit der Integration anderer Nationen in den Kampf gegen die Klimakrise. Hier wird eine durchaus divergente *Situationseinschätzung* beider Seiten deutlich.

Über die *Machtverhältnisse* der Kontrahenten ist schwer eine Aussage zu treffen: Fridays for Future Deutschland besteht aus über 700 Ortsgruppen. Koos und Lauth erkennen in ihren Umfragen 2019 eine „große Unterstützung für Fridays For Future, die jedoch sozialstrukturell variiert" (Koos/Lauth 2020, 221): Vor allem junge Menschen, Personen mit hohem Bildungsabschluss und Anhänger:innen linker Parteien unterstützen die Bewegung. Eine deutliche Mehrheit von gut zwei Drittel der Befragten einer ZDF-Politbarometer-Umfrage unterstützen im März 2019 die demonstrierenden Schüler:innen, knapp ein Drittel kritisiert sie (ZDF 2019a). Allerdings erwarten im April des selben Jahres nur gut ein Drittel der Befragten eine Wirkung der Fridays for Future-Proteste auf die Politik, während knapp zwei Drittel diese negieren. (ZDF 2019b).

Dass es bisher – neben Hinweisen, Appellen und Empfehlungen seitens verschiedener Kultusministerien – zu keiner allgemeinen Entscheidung zu Schulstreiks auf gesetzlicher Ebene gekommen ist, ist neben der unterschiedlichen Einschätzung der Vertretbarkeit der Streiks auch der Tatsache geschuldet, dass die Durchsetzung eines solchen Verbotes nur schwer umzusetzen wäre.

Da es bisher nicht zu einer Problemlösung auf Gesetzeseben gekommen ist, sind staatliche *Institutionen* nicht direkt in die Auseinandersetzung um die Schulstreiks involviert. Bezogen auf die den Protesten in Deutschland zugrundeliegende Thematik der deutschen Klimapolitik sind als Institutionen allerdings der Deutsche Bundestag und das Bundesverfassungsgericht mittelbar involviert. So hat der Bundestag das Bundes-Klimaschutzgesetz in seiner ursprünglichen Fassung von 2019 und in der vom Bundesverfassungsgericht eingeforderten Verschärfung 2021 verabschiedet und damit zum rechtlichen Handlungsrahmen deutscher Klimapolitik erhoben.

## Die Argumentationsanalyse

Massings Modell eines politischen Urteils (vgl. S. 56–59) lässt sich als Folie für eine dritte Analysemethode nutzen: die Argumentationsanalyse. Hierbei wird die öffentliche Diskussion zur ausgewählten politischen Fragestellung zunächst auf die in ihr enthaltenen Argumente ausgewertet. In einem zweiten Schritt werden die analysierten Argumente dann gemäß dem Urteilsmodell sortiert. Dazu wird jedes Argument a) dem Pro- oder Kontra-*Standpunkt*, b) der *Kategorie* Effizienz oder Legitimität mit ihren untergeordneten *Kriterien* sowie c) den drei

*Perspektiven* – politisch Handelnde, Adressat:innen politischer Entscheidungen und politisches System – zugeordnet.

Angewandt auf die Leitfrage *Fridays for Future-Demonstrationen: Sind die Meinungs- und Versammlungsfreiheit wichtiger als die Schulpflicht?* ergibt sich – in Tabellenform zusammengefasst – das folgende Ergebnis:

| **Perspektiven** | Schüler:innen, Lehrkräfte, Schulleitungen, Eltern, (Bildungs-)Politiker:innen, Wissenschaftler:innen, FFF-Aktivist:innen | | |
|---|---|---|---|
| **Kategorie/ Kriterien** | **Pro Demonstrationen** | **Kategorie/ Kriterien** | **Kontra Demonstrationen** |
| **Rechte & Pflichten (Legitimität)** | | | |
| Grundrechte | Meinungsfreiheit (Art. 5 GG + Art. 13 UN-Kinderrechtskonvention) | (mangelndes) Interesse | SuS haben kein echtes politische Interesse, wollen nur den Unterricht schwänzen |
| | Versammlungsfreiheit (Art. 8 GG) | | |
| Umweltschutz | Deutschland unterzeichnet das Pariser Klimaabkommen (2015) und verpflichtet sich damit zur Begrenzung der globalen Durchschnittstemperatur auf deutlich unter 2 °C und möglichst auf 1,5 °C gegenüber dem vorindustriellen Niveau. | Umweltschutz | Engagement gegen den Klimawandel ist auch innerhalb der Schule, bei Verbänden, im Stadtteil oder mittels eines individuellen, umweltbewussten Lebensstils möglich |
| | Der Schutz der natürlichen Lebensgrundlagen ist als Staatsziel mit Verfassungsrang im GG festgeschrieben und somit Aufgabe des Staates (Art. 20a GG) | | Wichtiger als Demonstrationen in Deutschlanddurchzuführen ist es, andere Länder für den Kampf gegen den Klimawandel zu gewinnen. |
| | Das Bundes-Klimaschutzgesetz (KSG) ist in Teilen nicht mit dem Grundgesetz vereinbar (vgl. Art. 20a GG), da es nicht ausreicht, um die auf dem Pariser Klimagipfel 2015 von Deutschland zugesagten Emissionseinsparungen zu erreichen, womit es den Auftrag der Generationengerechtigkeit vernachlässigt (Kritik des Bundesverfassungsgerichts 2021) | | Das Bundes-Klimaschutzgesetz (KSG) wurde 2021 verschärft, daher sind Demonstrationen nicht mehr notwendig |
| | Klimakrise als Bedrohung der menschlichen Zivilisation, daher große Sorge um den Erhalt der eigenen Lebensgrundlagen | | |

| Bildung | Politisierungseffekt, Interesse für Politik wird geweckt, Teilnahme an Schulstreiks als politischer Akt und als demokratiebildende Aktion | Bildung | Schulpflicht, Staatlicher Erziehungsauftrag (nach Art. 7,1 GG sowie Schulgesetze der Bundesländer) |
|---|---|---|---|
| | Teilnahme an Demonstrationen als Element der Bildung für nachhaltige Entwicklung und der Demokratiebildung, beides sind fächerübergreifende Prinzipien, zu denen Projektstunden und Projekttage möglich sind, Wertschätzung gegenüber der Gesellschaft und der Umwelt als bedeutsame Bildungsziele | | Erziehungsrecht und Erziehungspflicht der Eltern (Art. 6.2 GG sowie Schulgesetze der Bundesländer), Eltern sollten keine Entschuldigung für ihre Kinder schreiben, der versäumte Stoff muss eigenständig nachgearbeitet werden |
| | Besuch einer Demonstration im Klassenverband als Unterricht am außerschulischen Lernort möglich, Workshops im Umfeld der Demonstrationen bieten alternative Lerngelegenheiten | | SuS haben kein Demonstrationsrecht während der Unterrichtszeit (Beschluss der Kultusministerkonferenz 1973), regelmäßige Teilnahme an Demonstration kein symbolischer Akt des zivilen Ungehorsams mehr |
| **Wirksamkeit (Effizienz)** | | | |
| Wirksamkeit | drastische Maßnahmen im Engagement für eine lebenswerte Zukunft aufgrund der Dringlichkeit gerechtfertigt, Demonstrationen außerhalb der Schulzeit erreichen weit weniger Aufmerksamkeit in Gesellschaft und Medien | Wirksamkeit | Demonstration kann und sollte nach dem Unterricht stattfinden, Demonstrationen als Element einer unterkomplexen, symbolischen und emotionalen Politik |
| Kompetenz (wissenschaftlich) | Protestierende berufen sich auf die Wissenschaftler, Scientists for Future schließen sich den Forderungen an | Kompetenz (wissenschaftlich) | Mangelnde Sachkenntnis der Demonstrierenden, Komplexität und Zusammenhänge des Klimawandels werden nicht ausreichend erfasst |

**Abb. 19: Tabellarische Argumentationsanalyse der Kontroverse um die Fridays for Future-Demonstrationen. Eigene Darstellung.**

Die Argumentationsanalyse weist in diesem speziellen Fall drei Besonderheiten auf:

- Augenscheinlich argumentieren 1. sowohl Befürworter:innen der Demonstrationen während der Schulzeit als auch Ihre Gegner:innen weitaus stärker mit Argumenten aus der Kategorie Legitimität. Die Effizienz-Argumente erscheinen hier auf beiden Seiten untergeordnet zu sein.

- Interessanterweise argumentieren 2. sogar beide Seiten in vier Fällen mit den selben Kriterien, wenn sie auf die Aspekte *Umweltschutz, Bildung, Wirksamkeit* und *Kompetenz*eingehen, und kommen doch zu unterschiedlichen Ergebnissen.
- Und schließlich werden 3. bei dieser Fragestellung viele Argumente von mehreren Akteuren vertreten, sodass bestimmte Argumentationslinien nicht ausschließlich einer bestimmen Perspektive – der der politisch Handelnden, der Adressat:innen politischer Entscheidungen oder dem politischen System -zuzuordnen sind. Aus diesem Grund unterbleibt die Zuordnung der Argumente zu den verschiedenen Perspektiven in diesem Fall auch.

Die so erstellte Übersicht über die Argumentationslinien einer politischen Kontroverse kann als Grundlage der Materialgestaltung der Unterrichtssequenz dienen, beispielsweise wenn Rollenkarten für die Makromethode der Talkshow entwickelt werden (vgl. S. 101), in der die Lernenden bestimmte Rollen übernehmen und aus dieser zugeordneten Perspektive heraus eine politische Diskussion simulativ zu erproben.

**Weiterführende Literaturhinweise für die Lehrkraft:**

- Ackermann u. a. (Hg.) (2010): Politikdidaktik kurzgefasst. 13 Planungsfragen für den Politikunterricht. Schwalbach/Ts.
- Achour u. a. (Hg.) (2020): Methodentraining für den Politikunterricht. Frankfurt/M.

## Die Lehr- und Lernschritt-Folge unter Einbezug aller Kompetenzen planen

Kompetenzorientierter Politikunterricht begnügt sich nicht mit der Förderung des Konzeptwissens und der Analysekompetenz, sondern er hat auf dieser Grundlage und zugleich darüber hinausführend die Entwicklung der politischen Handlungs- und Urteilskompetenz aller Lernenden zum Ziel (vgl. S. 43–44). Diesem Anspruch lässt sich sinnvoll nicht in einer Einzelstunde, sondern nur im Verlauf einer mehrstündigen Unterrichtssequenz gerecht werden. Erst eine Unterrichtssequenz mit einem Umfang von ca. sechs bis zwölf Stunden ermöglicht einerseits eine fachlich vertiefte Auseinandersetzung mit der ausgewählten Problemstellung und andererseits die Erweiterung aller Kompetenzen. Daher sollte auch der Politikunterricht in den Klassen 5 bis 7 in mehrstündigen Unterrichtssequenzen geplant werden.

## Bewusste Förderung der Handlungs- und Urteilskompetenz

Lernende, und gerade junge Lernende, im Unterricht zu einem politischen Urteil zu befähigen, ist eine ausgesprochen voraussetzungsvolle Aufgabe. Nur wenn sich Lehrkräfte bewusst und zielgerichtet der Förderung der Urteilskompetenz in ihrer Unterrichtsplanung stellen, ist diese tatsächlich erweiterbar. Sie schult sich keineswegs automatisch, zufällig oder gar nebenbei in vorgeblich fachtypischen, aber häufig unvorbereiteten Diskussionen. Die Schulung der Urteils- und Handlungskompetenz der Lernenden als anspruchsvollstem Ziel des Politikunterrichts kann vielmehr nur verwirklicht werden, wenn diese bewusst in die Planung möglichst jeder Unterrichtssequenz einbezogen und als Ziel des Unterrichts – von Anfang der Planung an – in den Blick genommen wird. So sollte jede Sequenz jeder Schülerin und jedem Schüler Lerngelegenheiten anbieten, simulativ politisch und ggfs. auch konkret politisch zu handeln sowie sich am Ende der Sequenz ein individuelles, fundiertes und differenziertes Urteil zu bilden.

## Backward Design

Dabei sollte die Unterrichtssequenz einer fachlich und didaktisch logischen Reihenfolge aus Lehr-Lernschritten folgen. Die aufeinander aufbauenden Phasen einer Unterrichtssequenzphase zwischen dem Einstieg mit der Vorstellung bzw. Bildung der Leitfrage und ihrer individuellen Beantwortung seitens der Schüler:innen am Ende der Sequenz sollten dabei von Beginn an funktional auf das Ziel der Handlungs- und Urteilsbildung ausgerichtet sein. Dafür empfiehlt sich sehr eine Planung im sogenannten backward design, also eine Planung, die zunächst ihren Zielpunkt, das politische Urteil, in den Blick nimmt, um dann „rückwärts" die zu diesem Ziel führenden vorgelagerten Phasen zu gestalten. Daher beginnt die Sequenzplanung der Lehrkraft also idealerweise mit der Formulierung der Leitfrage, welche bereits die am Ende der Sequenz zu beurteilende Fragestellung aufwirft.

## Die Leitfrage als Dreh- und Angelpunkt der Planung

Eine Leitfrage zu formulieren, welche erstens für die Lernenden der jeweiligen Lerngruppe motivierend und bedeutsam ist, zweitens aktuelle politische Diskurse aufgreift, drittens fachlich zentral und ergiebig ist und viertens kontrovers und problemorientiert ausfällt, setzt die bis hierher dargestellten Arbeitsschritte (vgl. S. 50–84) voraus. Erst nach der Analyse der Lerngruppe, der Klärung der Vorgaben des Rahmenlehrplans, der Auswahl eines exemplarischen Fallbeispiels und dem Aufbau soliden fachlichen Wissens zu diesem ist die Lehrkraft mit Blick auf die Bedeutsamkeit der zentralen Handlungs- und Urteilskompetenz im Politikunterricht in der Lage eine geeignete Leitfrage für die Unterrichtssequenz zu konzipieren. Somit bildet die Formulierung der Sequenzleitfrage den entscheidenden Dreh- und Angelpunkt jeder politikdidaktisch sinnvollen Unterrichtsplanung. Mit ihrer Formulierung legt die Lehrkraft fest, zur Beantwortung welcher Werturteilsfrage sie die Schüler:innen im Verlauf der Sequenz befähigen will.

## Die Phasen der Unterrichtssequenz

Das im Folgenden vorgestellte Phasenmodell an, welches auch Achour u.a. (2020a, 43–52) zugrunde legen, verlangt den Lernenden in jeder Unterrichtsphase einen bestimmten Lernschritt ab, der konkrete Funktionen im Lernprozess erfüllt. Denn einzelnen Phasen lassen sich typische Medien, geeignete Methoden und die jeweils zentral geförderte Kompetenz zuordnen. Dem tabellarischen Überblick über alle Sequenzphasen folgt die Erläuterung jeder Phase einzeln, zunächst allgemein und dann exemplarisch konkretisiert in Bezug auf die Diskussion um die Fridays for Future-Demonstrationen während der Unterrichtszeit.

### Lehr-Lernschritte einer kompetenzorientierten und urteilsbildenden Politikunterrichtssequenz in den Klassen 5 bis 7 mit einem Zeitumfang von ca. 10 Unterrichtsstunden

| Sequenzphase | Lernschritt | Funktion | Medien | Methoden/Sozialformen | Kompetenz |
|---|---|---|---|---|---|
| Einstieg (ca. 1 U-Std.) | Problem erkennen | Problem aufwerfen, Motivation erzeugen, Vorwissen aktivieren, ggf. Vorurteil fällen, ggf. Überblick über Struktur und Ziel der U-Sequenz geben | z.B. Bildimpuls, Geschichte, Gegenstand, Fallbeispiel, Zeitungsartikel, Karikatur, Lied | z.B. Think-Pair-Share, Gesprächskreis, Placement, Kartenabfrage, Mindmapping, Spiel | Konzeptwissen |
| Informationsphase (ca. 2–3 U-Stunden) | Grundlegende Informationen sammeln und Konzeptwissen aufbauen | Grundlagenwissen (z.B. Akteure, Ursache, Folgen, Rahmenbedingungen) im Überblick aufbauen sowie zentrale Begriffe und Definitionen klären | z.B. Film, Informationstext (Schulbuch, Lexikon), Diagramme, Arbeitsblatt, Suchmaschinen | z.B. Partnerarbeit, eigene Internetrecherche, Unterrichtsgespräch | Konzeptwissen |

| | | | | | |
|---|---|---|---|---|---|
| Analysephase (inkl. Sicherung und Präsentation) (ca. 3–4 U-Stunden) | Multiperspektivische Analyse | Positionen verschiedener Akteure (i.d.R. arbeitsteilig) erschließen | z. B. Film, Text, Diagramme, Rollenkarten, ggf. eigenständige Internetrecherche | Gruppenarbeit, Stationsarbeit | Analysekompetenz |
| | Lernprodukt erstellen und präsentieren | erarbeitetes Wissen in einem Lernprodukt reorganisieren und sichern, das Lernprodukt den Mitschüler:innen präsentieren | z. B. schriftlich: Arbeitsblatt, Tabelle, Mindmap, Plakat, Schaubild, Wandzeitung, z. B. mündlich: Rollenspiel, Interview | z. B. Schüler:innen-Präsentationen, Galeriegang, Worldcafé, Gruppenpuzzle | Methodenkompetenz |
| Handlungsphase (simulativ) (ca. 1 U-Stunde) | mit dem erarbeiteten Wissen simulativ politisch handeln | in einer Diskussion in eine Rollen schlüpfen (Perspektivwechsel) und die erarbeitete Position argumentativ vertreten | in Lernprodukten gesichertes Wissen der Analysephase | regelgeleiteten Kommunikationsform: z. B. Pro-Kontra-Debatte, Talkshow, Planspiel | (simulative) Politische Handlungskompetenz |
| Urteilsphase (ca. 1 U-Stunde) | ein politisches Urteil fällen | individuell und begründet, schriftlich und/oder mündlich über das Problem urteilen und dieses Urteil gegenüber Mitschüler:innen vertreten | z. B. schriftlich: Kommentar, Leserbrief, E-Mail, z. B. mündlich: Diskussion, Positionslinie, Streitlinie | EA oder PA, Schreibkonferenz, Kleingruppendiskussion, Placement, Stumme Diskussion | Politische Urteilskompetenz |
| Reflexionsphase (ca. 0,5 U-Stunde) | Metakommunikation | den eigenen Lernprozess reflektieren | z. B. Ampelkarten, Zielscheibe, Evaluationslandschaft | z. B. Blitzlicht, Daumenabfrage | Lernprozessbezogene Urteilskompetenz |
| ggfs. Handlungsphase (real) | ggfs. gemäß dem eigenen Urteil real (politisch) handeln | das individuelle politische Urteil in und außerhalb der Schule in konkretes Handeln umsetzen | z. B. individuellen Lebensstil an Urteil anpassen, schul-, kommunal- oder gesellschaftpolitisch aktiv werden | z. B. Konsumgewohnheiten ändern, Antrag in die Schülervertretung einbringen, Brief an Schulleitung, eigene Position öffentlich vertreten | (reale) Politische Handlungskompetenz |

**Abb. 20: Lehr- Lernschritte einer kompetenzorientierten und urteilsbildenden Politikunterrichtssequenz. Eigene Darstellung.**

### Die Einstiegsphase

| Sequenz-phase | Lernschritt | Funktion | Medien | Methoden/ Sozialformen | Kompetenz |
|---|---|---|---|---|---|
| Einstieg (ca. 1 U-Std.) | Problem erkennen | Problem aufwerfen, Motivation erzeugen, Vorwissen aktivieren, ggf. Vorabur-teil fällen, ggf. Überblick über Struktur und Ziel der U-Sequenz geben | z. B. Bildimpuls, Geschichte, Gegenstand, Fallbeispiel, Zeitungsartikel, Karikatur, Lied | z. B. Think-Pair-Share, Gesprächskreis, Kartenabfrage, Mindmapping, Spiel | Konzeptwissen |

**Abb. 21: Die Einstiegsphase. Eigene Darstellung.**

Jede Unterrichtssequenz startet mit einer Einstiegsphase, welche zunächst der Problemwahrnehmung seitens der Schüler:innen dient. Die Lehrkraft hat also in dieser Phase zu allererst die Aufgabe, das – im Sinne des exemplarischen Lernens – ausgewählte Fallbeispiel so zu präsentieren, dass die Schüler:innen es als zu lösendes Problem in seiner Kontroversität möglichst selbstständig erkennen können.

Darüber hinaus hat die Einstiegsphase die Funktion, die Lernenden für das neue Thema zu motivieren und seine Bedeutsamkeit in ihrer Lebenswirklichkeit erkennbar werden zu lassen. Idealerweise ermöglicht die Einstiegsphase eine tatsächliche Begegnung von Person und Sachgegenstand, um die Thematik für die Schüler:innen und gleichzeitig die Schüler:innen für die Thematik zu öffnen. Ob dieser Zugang gelingt und die Schüler:innen die Fragestellung tatsächlich zu ihrer eigenen machen und sie nicht „nur" der pflichtgemäß zu bearbeitende Unterrichtsstoff bleibt, hat enormen Einfluss auf ihre Motivation und innere Beteiligung im weiteren Verlauf der Unterrichtssequenz. Daher birgt ein adressatenorientierter und sorgfältig gestalteter Einstieg in besonderem Maße die Chance, Unterricht mit und für Lernende und nicht für den Lehrplan zu starten.

Zudem sollte der Einstieg den Schüler:innen die Gelegenheit geben, ihr Vorwissen und ihre Fragen zum neuen Thema zu aktivieren, zu sammeln und zu ordnen. So kann neues Wissen mit bereits vorhandenen Kenntnissen verknüpft werden, die Lernenden sind von Beginn der Sequenz an aktiv und die Lehrkraft gewinnt einen Überblick über ihren Kenntnisstand und ihre Interessen im Kontext des Fallbeispiels und des Themenfeldes.

Schließlich kann im Einstieg auch die Struktur des Unterrichtsvorhabens transparent gemacht werden, sodass die Lernenden von Beginn an einen Überblick über die Inhalte und vor allem das Ziel der Unterrichtssequenz erhalten. Damit eröffnen sich im besten Fall zwei Chancen: Die Schüler:innen erkennen den roten Faden der Unterrichtssequenz und erfahren, womit sie sich in den nächsten Unterrichtsstunden beschäftigen werden und vor allem, mit welcher Absicht und mit welchem Ziel sie das tun werden, was häufig motivierend wirkt. Darüber hinaus kann die Lehrkraft im Sinne eines schüler:innen-orientierten und demokratiebildenden Unterrichts (vgl. S. 61 und ab S. 32) zu diesem Zeitpunkt auch mit den Lernenden gemeinsam überlegen, an welcher Stelle und wie ihre Ideen und Fragen in die geplante Sequenz integriert werden können.

Möglich ist ferner auch bereits zu Beginn der Sequenz ein erstes Voraburteil zur Sequenzleitfrage abzufragen. Im Vergleich mit dem fundierten Urteil am Ende der Sequenz kann der Erkenntnisgewinn mittels der unterrichtlichen Auseinandersetzung sichtbar werden.

Als Medien eignen sich in der Einstiegsphase vor allem Bildimpulse oder Geschichten, manchmal auch Gegenstände, eine Zeitungsüberschrift, ein kurzer Zeitungsbericht, ein kurzer Filmausschnitt, die Erzählung eines Fallbeispiels, mitunter auch ein Lied, eine Hörcollage, ein Spiel, ein Rätsel oder eine Karikatur.

Bildimpulse ermöglichen – ohne sprachliche Hürden – einen niedrigschwelligen visuellen und damit anschaulichen Einstieg, der die Verankerung des Themas in der Lebenswelt der Lernenden sichtbar machen kann. Damit wohnt Bildern die „Aufforderung zur Ich-Beteiligung“ inne, welche bewusst „Alltagserfahrungen, Emotionen und Entsprechungen in der Realität der Schüler:innen“ anstoßen sollen (Frech 2020,60). Während die Beschreibung eines Bildes in der Regel auch ohne Vorwissen möglich ist, setzt seine Deutung meist bereits erste Kenntnisse voraus, sodass Bilder auch einen binnendifferenzierten Einstieg ermöglichen.

Geschichten personalisieren Fragestellungen, machen sie dadurch anschaulich und konkret und können vor allem jüngere Lernende häufig emotional erreichen. Gegenstände präsentieren zusätzlich haptische, mitunter auch olfaktorische Eindrücke, können erforscht sowie gruppiert werden und motivieren durch ihren mitunter zunächst rätselhaften Zusammenhang zum Thema ebenso wie Schätzaufgaben, die einen spielerischen Einstieg ermöglichen. In gleicher Weise können eine Hörcollage – als Zusammenschnitt verschiedener O-Töne – oder auch ein Lied wirken. Zeitungsüberschriften können ebenso wie Kontrastbilder die Kontroversität eines Themas deutlich machen und bieten in ihrer Konzentration auf einen Ausschnitt der Thematik einen starken Impuls, weiterführende Fragen zu stellen. Ein kurzer Zeitungsbericht oder ein kurzer Filmausschnitt weisen auf die Bedeutung und Aktualität des Themas hin, während die Erzählung eines Fallbeispiels die Empathie und Betroffenheit der Lernenden stärker anspricht. Karikaturen machen in ihrer zugespitzten Aussage gut den Problemgehalt einer Thematik deutlich, sind in ihrem Einsatz allerdings voraussetzungsreich, da sie nur mit dem entsprechenden Grundwissen überhaupt gedeutet und in ihrer Aussage entschlüsselt werden können. Daher ist ihre Eignung im Unterricht mit jüngeren Schüler:innen besonders zu prüfen.

## Die Einstiegsphase der Beispielsequenz[5]

| Sequenzphase | Inhalte | Materialien und Medien | Methoden und Sozialformen | Kompetenz und Standards |
|---|---|---|---|---|
| Einstieg (ca. 30–45 Minuten) | FFF-Demonstrationen während der Schulzeit | Fotos von FFF-Demonstrationen und Reaktionen auf FFF | Think-Pair-Share zu Fotos | Politisches Erschließen/Politische Phänomene der Lebensumwelt identifizieren |
| | Die FFF-Bewegung – Was weißt du darüber? | Fotos von FFF-Demonstrationen und Reaktionen auf FFF | Vorwissen in Mindmap im Unterrichtsgespräch strukturieren | Politisches Erschließen/Politische Phänomene der Lebensumwelt identifizieren |
| | Überblick über die Unterrichtssequenz | Schaubild | Vortrag der Lehrkraft | Urteilen/Lernweg reflektieren |

**Abb. 22: Die Einstiegsphase der Beispielsequenz. Eigene Darstellung.**

Die Beispielsequenz startet mit sechs Fotos: Sie zeigen mit Greta Thunberg und ihrem Plakat *Skolstrejk för Klimatet* (Bild 1) die Ursprungssituation und die Impulsgeberin für die inzwischen weltweit agierende und zahlreiche Menschen aktivierende Fridays for Future-Bewegung (Bild 2), an der auch viele deutsche Schüler:innen auf Demonstrationen (Bild 3) oder mittels einer Plakataktion teilnehmen (Bild 4). Die weiteren Bilder verweisen auf die kontroversen Bewertun-

5 Die Kompetenzen und Standards sind hier angegeben gemäß dem in Berlin und Brandenburg gültigen Rahmenlehrplan Teil C Gesellschaftswissenschaften Jahrgangsstufen 5/6 (LISUM 2015a).

gen, welche die Aktionen hervorrufen: Während einige Politiker die Schulstreiks verurteilen (Bild 5), zeichnet die NGO Amnesty International Greta Thunberg für ihr Engagement aus (Bild 6).

| | |
|---|---|
| | **Abb. 23:**<br>**Greta Thunberg streikt für Klimaschutz**<br>**© picture alliance/dpa \| Steffen Trumpf**<br>https://www1.wdr.de/radio/wdr5/sendungen/neugier-genuegt/greta-thunberg-124~_v-gseapremiumxl.jpg (28.6.2022) |
| | **Abb. 24:**<br>**Tweet Greta Thunbergs zum Weltklimastreiktag im September 2019**<br>https://www.jetzt.de/umwelt/klimastreik-2019-die-besten-schilder-und-fotos (28.6.2022) |
| | **Abb. 25:**<br>**Plakate einer FFF-Demonstration**<br>**© picture alliance / EPA-EFE \| Erik S. Lesser**<br>https://www.zdf.de/assets/best-of-fridays-for-futureplakate-106~1280x720?cb=1556186062628 (28.6.2022) |
| | **Abb. 26:**<br>**Plakataktion vor dem Bundestag**<br>**© picture alliance / ASSOCIATED PRESS \| Michael Sohn**<br>https://external-content.duckduckgo.com/iu/?u=https%3A%2F%2Fwww.bz-berlin.de%2Fdata%2Fuploads%2F2020%2F04%2F0001370a2e3_1587749007-768x432.jpg&f=1&nofb=1 (28.6.2022) |
| | **Abb. 27:**<br>**Kramp-Karrenbauer argumentiert gegen die FFF-Demonstranten**<br>**https://www.zeit.de/politik/deutschland/2019-03/schuelerstreik-kritik-annegret-kramp-karrenbauer-fridays-for-future**<br>(28.6.2022) |

**Abb. 28:**
**Greta Thunberg wird von Amnesty International für ihr Engagement ausgezeichnet**

© picture alliance / Geisler-Fotopress | Christoph Hardt
https://www.euractiv.de/wp-content/uploadssites/4/2019/09/w_55472995-e1568703417473-800x450.jpg (28.6.2022)

Mittels der Fotos wird den Schüler:innen das Thema präsentiert, sie bilden den Impuls für die Lernenden, die Fotos zu beschreiben, ihre Assoziationen, ihr Vorwissen und ihre Fragen zu den Fotosund damit zum Sequenzthema zu formulieren. Für die Form der Darbietung und die Arbeit mit den Fotos gibt dabei zahlreiche verschiedene methodische Möglichkeiten:

- Für eine Einzel- oder Partner:innenarbeit werden alle Fotos gleichzeitig auf einem Arbeitsblatt präsentiert.
- Kleingruppen erhalten nur je eines der sechs Fotos.
- Die Fotos werden in vergrößerter Darstellung in einem Sitzkreis mit allen Schüler:innen oder am Smartboard gleichzeitig oder sukzessive präsentiert.
- Die Fotos werden in vergrößerter Darstellung im Klassenraum für einen Museumsrundgang alleine, im Paar oder in einer Kleingruppe aufgehängt.

Je nach Darbietungs- und Bearbeitungsform können die Reaktionen der Lernenden wiederum in unterschiedlicher Weise gesammelt werden:

- als Stichpunkte auf einem Arbeitsblatt oder
- auf einem Plakat neben den ausgehängten Fotos,
- auf Moderationskarten oder
- als Stichpunkte auf dem Smartboard, welche das Klassengespräch dokumentieren und später geclustert werden können.

Unabhängig von der ausgewählten Darbietungs- und Bearbeitungsform sollten die zusammengetragenen Stichpunkte auf jeden Fall als ein gemeinsames Klassenergebnis festgehalten werden, z. B. in einer Mindmap.

Zur Erschließung der Leitfrage können vor allem die Fotos 5 und 6 herangezogen werden, da sie stellvertretend für die beiden gegensätzlichen Bewertungen der Schülerproteste stehen und damit die Kontroversität des Unterrichtsgegenstandes deutlich machen. Auf Grund des jungen Alters der Lernenden wird in der Leitfrage auf die explizite Verwendung der Urteilskategorien Effizienz und Legitimität verzichtet, obwohl sie ein der vorbereitenden Sachanalyse der Lehrkraft und in den erstellten Materialien enthalten sind.

An dieser Stelle sollte die Lehrkraft auf den Zusammenhang zwischen dem Fallbeispiel – *Fridays for Future-Demonstrationen: Sind die Meinungs- und Versammlungsfreiheit wichtiger als die Schulpflicht?* – und der allgemeinen, umfassenderen Thematik – *Mitbestimmungsmöglichkeiten von Kindern und Jugendlichen in der Demokratie* – hinweisen, für die das Fallbeispiel exemplarisch ausgewählt wurde. Zudem kann die Lehrkraft einen Überblick über den weiteren Verlauf und das Ziel der Unterrichtssequenz geben.

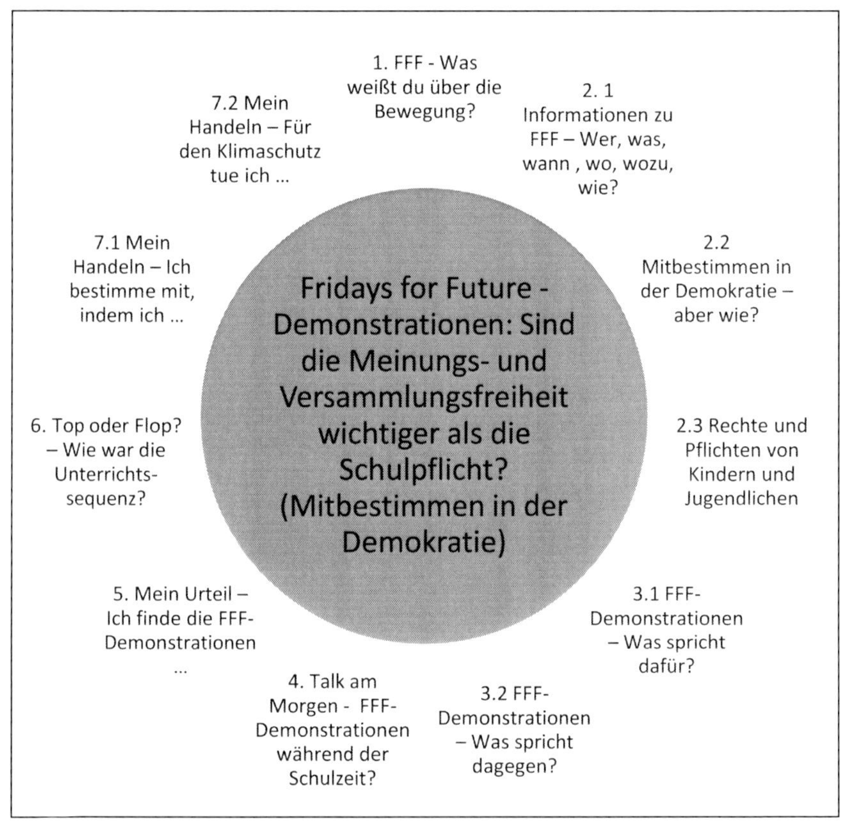


**Abb. 29: Thema, Leitfrage und Phasen der Unterrichtssequenz. Eigene Darstellung.**

Somit sollten am Ende der Einstiegsphase den Lernenden das Fallbeispiel, die zugrundeliegende allgemeine Thematik und die Leitfrage bekannt, der Zusammenhang mit ihnen und ihrer Lebenswelt deutlich und hoffentlich ihre Neugierde und Motivation geweckt sein.

## Die Informationsphase

| Sequenzphase | Lernschritt | Funktion | Medien | Methoden/ Sozialformen | Kompetenz |
|---|---|---|---|---|---|
| Informationsphase (ca. 2–3 U-Stunden) | Grundlegende Informationen sammeln und Konzeptwissen aufbauen | Grundlagenwissen (z. B. Akteure, Ursache, Folgen, Rahmenbedingungen) im Überblick aufbauen sowie zentrale Begriffe und Definitionen klären | z. B. Film, Informationstext (Schulbuch, Lexikon), Diagramme, Arbeitsblatt, Suchmaschinen | z. B. Partnerarbeit, eigene Internetrecherche, Unterrichtsgespräch | Konzeptwissen |

**Abb. 30: Die Informationsphase. Eigene Darstellung.**

Der Einstiegsphase folgt die Informationsphase. Sie gibt stets im Überblick grundlegende Informationen zum ausgewählten Fallbeispiel. So werden hier zentrale Akteure mit ihrem Standpunkt sowie meist die Ursachen der Problemstellung und mögliche Folgen dargestellt. Auch wesentliche Lösungsansätze und ihre rechtlichen Rahmenbedingungen werden betrachtet. Zudem werden die allgemeinen Fachkonzepte, welche mittels des exemplarischen Fallbeispiels thematisiert werden, erschlossen und erläutert. Dazu zählt auch die Klärung zentraler Begrifflichkeiten des Fachkonzepts und somit die Einführung in die Fachsprache. Die Informationsphase dient ferner dazu grundlegendes Fachwissen zu vermitteln, das notwendig ist, um multiperspektivisch die verschiedenen Sichtweisen auf die Problemstellung zu verstehen, welche Gegenstand der auf die Informationsphase folgenden Analysephase sind. Auf dem Verständnis der verschiedenen Sichtweisen wiederum beruht schließlich das individuelle politische Urteil, welches sich aus der individuellen Abwägung der jeweiligen Argumente speist. Insofern bildet die Informationsphase neben dem Aufbau eines soliden Konzeptwissens auch eine wesentliche Grundlage der Urteilskompetenz. Ohne Fachwissen und Analyse der Positionen ist kein faktenbasiertes, solides und differenziertes Urteil möglich. Im besten Fall beeinflusst schließlich all dies auch das individuelle, lebensweltliche Handeln der Schüler:innen außerhalb des Unterrichts und mündet in realem politischen Handeln.

In der Informationsphase kommen verschiedenste Medien zum Einsatz: Sachtexte aus Schulbüchern oder Kinderlexika, vollständige oder i.d.R. gekürzte Zeitungs- oder Zeitschriften-Artikel, Filme aus Kindernachrichten oder Kindersachsendungen, Erklärfilme, Schaubilder, Diagramme oder Gesetzestexte in Ausschnitten und in vereinfachter Form (vgl. ab S. 115)

## Die Informationsphase der Beispielsequenz

| Sequenz-phase | Inhalte | Materialien und Medien | Methoden und Sozialformen | Kompetenz und Standards |
|---|---|---|---|---|
| Information **(ca. 3 x 45')** | FFF – Was, wer, wo, seit wann, wozu, wie? | Kindersachfilm (Logo! oder 9 1/2) über FFF mit Arbeitsblatt | Arbeitsblatt mit Fragen zum Video in Einzelarbeit lösen, in Partnerarbeit vergleichen + Mindmap der Einstiegsphase mit Infos aus Video im Unterrichtsgespräch ergänzen | Politisches Erschließen/Politische Phänomene der Lebensumwelt identifizieren |
| | Mitbestimmen in der Demokratie – aber wie? | kurzer Sachtext zu Partizipationsmöglichkeiten Jugendlicher in der Demokratie & Plakat *Berlin mitgestalten* | Partnerarbeit – Textinhalt in Schaubild transportieren, Überschriften, Bilder und Piktogramme zuordnen | Politisches Erschließen/Spielräume für politisches und demokratisches Handeln ermitteln + Politische Phänomene ordnen |
| | Mitbestimmen in der Demokratie – Welche Rechte und Pflichten habe ich? | Auszüge aus dem Grundgesetz, der UN-Kinderrechtskonvention und dem Schulgesetz | Gruppenarbeit – Zuordnung: Partizipationsmöglichkeiten, (ausgewählte) Rechte und Pflichte für Kinder in der Demokratie | Politisches Erschließen/Spielräume für politisches und demokratisches Handeln ermitteln + Politische Phänomene ordnen |

**Abb. 31: Die Informationsphase der Beispielsequenz. Eigene Darstellung.**

In unserer Beispielsequenz umfasst die Informationsphase drei Inhalte: 1. die Klimaschutzbewegung Fridays for Future, 2. Mitbestimmungsmöglichkeiten in der Demokratie für Kinder und Jugendliche sowie 3. ausgewählte Grundrechte – hier Meinungs- und Versammlungsfreiheit – und Pflichten – hier die Schulpflicht. Der erste Inhalt – die Klimaschutzbewegung Fridays for Future – bezieht sich auf das ausgewählte Fallbeispiel. Die Akteure, Ziele und Protestform der Fridays for Future-Bewegung zu kennen, ist selbstverständlich die grundsätzliche Voraussetzung, um sich zur Urteilsfrage positionieren zu können. Die Thematisierung von demokratischen Partizipationsmöglichkeiten für Kinder und Jugendliche im 2. Schritt stellt das Fallbeispiel in den größeren und grundlegenden Kontext der Fachkonzepte Demokratie, Konflikt und Öffentlichkeit (vgl. Weißeno u. a. 2010). Anhand des Fallbeispiels lernen die Kinder Demonstrationen als ein legales und wichtiges Instrument der Meinungsäußerung in der Demokratie kennen. Darüber hinaus werden sie auf weitere, alternative Teilhabemöglichkeiten hingewiesen, wie z.B. die eigene Meinung in einer öffentlichen Diskussion, im Internet, per Leserbrief oder im Gespräch mit der:dem Abgeordneten des Wahlkreises zu äußern, bei einer Bürgerinitiative oder einer Hilfsaktion aktiv zu werden, an einem Boykott teilzunehmen, eine Petition zu unterschreiben oder zu starten, in einem Verein, in einem Jugendparlament oder in der Jugendorganisation einer Partei Mitglied zu werden. In der Urteilsbildung am Ende der Unterrichtssequenz können Sie auf dieses Wissen zurückgreifen, wenn sie – nach je individueller Abwägung – ggfs. andere Partizipationsmöglichkeiten der Demonstration vorziehen. Die Auseinandersetzung mit ausgewählten Grundrechten und Pflichten im 3. Schritt der Informationsphase macht die Lernenden ausgehend vom Fallbeispiel vertraut mit dem wichtigen Fachkonzept der Grundrechte (Weißeno u.a. 2010), aber auch mit ihren Pflichten. So erarbeiten sie sich das Grundwissen zu den rechtlichen Rahmenbedingungen, die in der Diskussion um die Fridays for Future-Demonstrationen von Bedeutung sind. Damit bildet dieser Unterrichtsschritt die Basis, um die in der Analysephase untersuchten verschiedenen Positionen verstehen und einordnen zu können.

Da alle drei Inhalte zentral sind, sollten diese auch von allen Lernenden erarbeitet werden, sodass sich methodisch in dieser Sequenzphase aufgabengleiche, wenn auch binnendifferenzierte, Aufträge für alle Lernenden anbieten.

Um diese Phase vielfältig zu gestalten, wird auf die Auswahl verschiedener Medien – Film, Sachtext, Schaubild und kurze Gesetzesauszüge –, verschiedener Aufgabenformate – Fragen zum Film, Mindmap, Schaubild ausfüllen, Zuordnungsaufgaben- und verschiedener Sozialformen- Einzelarbeit, Partnerarbeit, Gruppenarbeit und Unterrichtsgespräch – geachtet. Um der Gefahr der zu großen Abstraktion bei der Thematisierung von Partizipationsmöglichkeiten sowie Rechten und Pflichten in der Demokratie vorzubeugen, empfiehlt es sich, hier stets den Zusammenhang mit dem Fallbeispiel deutlich zu machen und darüber hinaus auch weitere Anwendungsbeispiele zur Veranschaulichung zu nutzen.

## Die Analysephase

| Sequenz-phase | Lernschritt | Funktion | Medien | Methoden/ Sozialformen | Kompetenz |
|---|---|---|---|---|---|
| Analyse-phase (inkl. Siche-rung und Präsentati-on) (ca. 3–4 U-Stunden) | Multipers-pektivische Analyse | Positionen ver-schiedener Ak-teure (i.d.R. ar-beitsteilig) er-schließen | z. B. Film, Text, Diagramme, Rollenkarten, ggf. eigenstän-dige Internet-recherche | i.d.R. Gruppen-arbeit, ggfs. Stationsarbeit | Analyse-kompetenz |
| | Lernprodukt erstellen und präsentieren | erarbeitetes Wissen in ei-nem Lernpro-dukt sichern, das Lernpro-dukt den Mit-schüler:innen präsentieren | z. B. schriftlich: Arbeitsblatt, Tabelle, Mind-map, Plakat, Schaubild, Wandzeitung, z. B. mündlich: Rollenspiel, In-terview | z. B. Schüler:in-nen-Präsen-tationen, Galeriegang, Worldcafé, Gruppen-puzzle | Methoden-kompetenz |

**Abb. 32: Die Analysephase. Eigene Darstellung.**

Die Analysephase vertieft die inhaltliche Auseinandersetzung mit der ausgewählten Problematik. Nach der Hinführung zur Fragestellung im Einstieg und der Erschließung von grundlegendem Wissen zum Fallbeispiel sowie seiner Einordnung in die zugehörigen Fachkonzepte in der Informationsphase erfolgt jetzt die Erarbeitung der unterschiedlichen Positionen oder Lösungen verschiedener Akteur:innen zur Problemstellung. Die Auseinandersetzung mit unterschiedlichen Standpunkten und ihren jeweiligen Argumentationslinien trägt den Prinzipien eines kontroversen und multiperspektivischen Politikunterrichts Rechnung, der den Leitlinien des Beutelsbacher Konsenses (vgl. S. 46) gerecht wird. Verschiedene Positionen innerhalb einer Kontroverse mit ihren je wichtigsten Argumenten zu erschließen, ist zentral für eine differenzierte Urteilsbildung. Diese inhaltliche Grundlegung leistet die Analysephase. Zur Darbietung der wesentlichen Argumente der Kontroverse gibt es verschiedene Möglichkeiten, welche sich hinsichtlich ihres inhaltlichen und sprachlichen Anspruchsniveau als auch im Grad ihrer Authentizität bzw. ihrer didaktischen Formung unterscheiden. So kann die Lehrkraft

- erstens mit Originaltexten arbeiten, aus denen die Schüler:innen die kontroversen Positionen und ihre Argumente selbstständig erschließen,

- zweitens die wesentlichen Argumente als kurze, personalisierte Originalstatements darbieten,
- drittens einen perspektivübergreifenden, aus didaktischen Zwecken verfassten Lehrtext suchen bzw. selber verfassen oder
- viertens idealtypische Positionen in fiktiven Rollenkarten zur Verfügung stellen.

Für die Darbietungsvarianten 1 und 2 sind authentische Berichte oder Kommentare in textlicher oder filmischer Form typische Medien, während die Darbietungsformen 3 und 4 mit didaktisierten Materialien arbeiten.

Um verschiedene Positionen der Kontroverse mit der Lerngruppe zu erschließen ohne gleichzeitig den Zeitbedarf für die Analysephase überzustrapazieren, ist ein arbeitsteiliges Vorgehen in dieser Sequenzphase sinnvoll. Bei der Verteilung verschiedener Positionen auf Teilgruppen beschäftigt sich jede Schülerin und jeder Schüler in Gruppenarbeit exemplarisch zwar nur mit einer Position, die Lerngruppe insgesamt deckt aber die Vielfalt wichtiger Positionen ab.

Die Reorganisation des erarbeiteten Wissens in Form eines geeigneten Lernproduktes ist gerade bei einem arbeitsteiligen Vorgehen aus zwei Gründen unverzichtbar: Wie in jeder Unterrichtsphase dient die Anfertigung eines Lernproduktes zunächst der Ergebnissicherung. Darüber hinaus wird mit Hilfe des Lernproduktes das jeweils in den Teilgruppen erarbeitete Wissen an die gesamte Lerngruppe weitergegeben. Als schriftliches Lernprodukt eignet sich z.B. ein Arbeitsblatt, ein Plakat, ein Schaubild oder eine Mindmap. Als mündliches Lernprodukt sind z.B. ein Rollenspiel oder ein Interview möglich. Die Zusammenführung des erarbeiteten Wissens für die gesamte Lerngruppe kann dann bspw. als Präsentation der Schüler:innen, im Galeriegang, als Worldcafé oder im Gruppenpuzzle erfolgen. Neben der Analysekompetenz wird in dieser Phase damit auch verstärkt die Methodenkompetenz gefordert und geschult. Sollte mehr Zeit für die Analysephase zur Verfügung stehen, ist auch die Erschließung mehrerer Positionen, z.B. als Stationsarbeit, möglich.

## Die Analysephase der Beispielsequenz

| Sequenz-phase | Inhalte | Materialien und Medien | Methoden und Sozialformen | Kompetenz und Standard |
|---|---|---|---|---|
| Analyse (ca. 2 x 45') | FFF-Demonstrationen während der Schulzeit – Was spricht dafür und was dagegen? | 4 Rollenkarten (2x Pro, 2x Contra) mit je einer Position zur Urteilsfrage | Gruppenpuzzle mit Zwischensicherung zwischen Stammgruppen- und Expertengruppenphase | Politisch Erschließen/Politische Phänomene der Lebensumwelt analysieren |
| | | Tabelle mit Argumenten der vier Positionen | Schlusssicherung im Unterrichtsgespräch | Urteilen/unterschiedliche Standpunkte voneinander unterscheiden |

**Abb. 33: Die Analysephase der Beispielsequenz. Eigene Darstellung.**

In der Analysephase unserer Beispielsequenz ist die Diskussion um die Fridays for Future-Demonstrationen didaktisch reduziert in Rollenkarten zu vier idealtypischen Positionen zusammengefasst, von denen sich jeweils zwei für die Demonstrationen während der Schulzeit und zwei dagegen aussprechen. Dabei bündeln die vier Rollenkarten wesentliche Argumente der gesellschaftlichen Kontroverse (vgl. ab S. 71) und skizzieren auf dieser Grundlage keine originalen, sondern vielmehr prototypische Positionen (vgl. vierte Variante der Darbietung). Im Gegensatz zu authentischen Texten sind dies inhaltlich verdichtet und sprachlich vereinfacht, verzichten aber nicht auf Fachwortschatz, der markiert ist und in einem Glossar aufgegriffen wird (vgl. spätere Ausführungen zur Sprachbildung in diesem Kapitel).

| **Pro 1 – Wir sind hier, wir sind laut, weil ihr unsere Zukunft klaut.**<br>Wenn wir jetzt nicht demonstrieren, dann machen die Politiker weiter so wenig gegen den Klimawandel wie bisher und hinterlassen uns eine Welt, in der wir nicht mehr leben können. Wenn die schon tot sind, dann lebe ich noch lange und muss ihre Fehler ausbaden. Was habe ich denn davon, jetzt Mathe und Englisch zu lernen. Außerdem kann ich den Stoff, den ich verpasse, ja nachlernen. Ich darf ja noch nicht wählen, aber beim Demonstrieren kann ich mich wenigstens einmischen und meine Meinung äußern. Wenn dann bei mir Fehlstunden auf dem Zeugnis stehen, ist mir das egal. Das nehme ich in Kauf. Meine Zukunft ist mir wichtiger als eine Zeugnisnote. Greta ist mein Vorbild, es ist cool, was sie alles erreicht hat. – Luis, Schüler einer Berliner Grundschule (11 Jahre) |
|---|
| **Pro 2 – Schüler:innen, die für mehr Klimaschutzdemonstrieren, schwänzen nicht einfach die Schule, sondern sind aktive Demokrat:innen**.<br>Sie nehmen ihr Recht auf Meinungs- und Versammlungsfreiheit wahr, werden aktiv und nehmen sogar Nachteile in Kauf. Was sollen Jugendliche in der Schule denn lernen? Wichtig ist doch, dass sie lernen können, sich ihre eigene Meinung zu bilden und die Umwelt zu schützen. Umweltschutz steht als fächerübergreifendes Thema ja sogar im Lehrplan. Und auch der Artikel 20a im Grundgesetz besagt, dass der Staat die Aufgabe hat, „für die künftigen Generationen die natürlichen Lebensgrundlagen" zu schützen. Dass die Schüler den Politiker:innen jetzt mal Dampf machen und sie an ihre Aufgaben erinnern, ist doch gut. Ich verstehe auch, dass sie während der Schulzeit demonstrieren. So erreichen sie viel mehr Aufmerksamkeit bei ihren Lehrkräften, Eltern und vor allem in den Medien. –<br>Frau Siebert, Gewi-Lehrerin an einer Berliner Grundschule (42) |
| **Kontra 1 – Die Schulpflicht ist wichtiger als das Versammlungsrecht**<br>Ich finde es zwar bemerkenswert, dass viele Schüler:innen sich wieder für Politik interessieren und auch engagieren. Zudem weiß ich auch, dass sie das Recht haben, ihre Meinung zu sagen und zu demonstrieren. Dennoch dürfen Sie wegen einer Demonstration nicht den Unterricht versäumen. Es gilt immer noch die Schulpflicht. Wenn Ihnen der Klimaschutz so wichtig ist, könnten sie ja auch in ihrer Freizeit demonstrieren oder ihren eigenen Lebensstilumweltfreundlich gestalten. Demonstrieren und dann doch im nächsten Urlaub wieder ins Flugzeug steigen, dass passt doch nicht zusammen, oder? Wenn sie an unserer Umwelt-AG teilnehmen, verpassen sie keinen Unterricht und tun direkt vor Ort etwas für die Umwelt. Gerade führen wir eine Umfrage durch, ob die Schüler:innen zum Schutz der Umwelt bereit sind, auf Fleisch und Südfrüchte in der Schulmensa zu verzichten. –<br>Herr Mierow, Schulleiter einer Berliner Grundschule (55) |
| **Kontra 2 – Die deutsche Politik tut viel für den Klimaschutz**<br>Deutschland hat schon 2015 das Pariser Klimaabkommen unterzeichnet und dazu 2019 das Bundes-Klimaschutzgesetz verabschiedet und es 2021 noch einmal verschärft. Jetzt ist es erstmal wichtig, auch andere Länder vom Klimaschutz zu überzeugen. Da müssen eben alle mitmachen, Deutschland allein kann das Problem nicht lösen. Als Politiker:innen müssen wir eben auch darauf achten, was technisch möglich und wirtschaftlich machbar ist. Ich bezweifle, dass Kinder und Jugendliche diese schwierigen Zusammenhänge alle bereits durchschauen. Genau das könnten sie in der Schule lernen, wenn sie denn hingingen und nicht schwänzen würden. Umweltaktivist:innen, die in ganz Europa von einer Demo zur anderen jetten, überzeugen mich nicht. Sollen sie sich doch erstmal an die eigene Nase fassen und mit dem Zug fahren. – Frau Lindemann, Politikerin (39) |

**Abb. 34: Rollenkarten für eine Talkshow. Eigene Darstellung.**

In Form eines Gruppenpuzzles (Scholz 2020, 24–25) werden die Argumente dieser vier verschiedenen Positionen innerhalb der Analysephase sukzessive erarbeitet. In Stammgruppen erschließen sich die Schüler:innen zunächst arbeitsteilig mithilfe ihrer Rollenkarte die Argumente einer Position und tragen diese in selbst formulierten Stichworten in die zugehörige Spalte der Tabelle eines Arbeitsblattes ein. Vor dem Austausch der Ergebnisse in der Expertenphase und dem Ausfüllen der weiteren drei Spalten erfolgt der Abgleich der eigenen Ergebnisse mit einer Musterlösung auf einer Kontrollkarte. Dies schützt als Zwischensicherung vor der Weitergabe falscher, fehlerhafter oder unvollständiger Ergebnisse. Das gemeinsame Unterrichtsgespräch nach den beiden Phasen des Gruppenpuzzles zum Abschluss der Analysephase bietet den Lernenden die Gelegenheit, Verständnisfragen zu klären, und der Lehrkraft die Möglichkeit, mögliche Missverständnisse oder Fehlkonzepte zu korrigieren.

| **Fridays for Future-Demonstrationen: Sind die Meinungs- und Versammlungsfreiheit wichtiger als die Schulpflicht?** | | | | |
|---|---|---|---|---|
| **Position** | Für die Demonstration Pro 1 | Für die Demonstration Pro 2 | Gegen die Demonstration Kontra 1 | Gegen die Demonstration Kontra 2 |
| **Rolle** | Luis, Schüler | Frau Siebert, Gewi-Lehrerin | Herr Mierow, Schulleiter | Frau Lindemann, Politikerin |
| **Argument 1** | | | | |
| **Argument 2** | | | | |
| ... | | | | |
| **eigene, ergänzte Argumente** | | | | |

**Abb. 35: Tabelle zur Sammlung der Argumente in der Analysephase. Eigene Darstellung.**

Alternativ zur Erarbeitung im Gruppenpuzzle lassen sich die Ergebnisse der Gruppenarbeitsphase auch „klassisch“ direkt im Unterrichtsgespräch im Plenum sammeln. Übernimmt hierbei die Lehrkraft die Aufgabe, die Tabelle gemäß den Antworten der Lernenden zu füllen, kann sie dabei dezent inhaltliche und sprachliche Präzisierungen vornehmen.

Eine deutlich einfachere Variante im Umgang mit den Argumenten ist – im Sinne einer qualitativen Binnendifferenzierung – ihre Darbietung in Form einer Argumenten-Liste, wobei die Argumente dann von den Lernenden nur noch jeweils der Pro- oder Kontraseite zuzuordnen sind. Dabei ist zudem eine arbeitsteilige Version in Gruppen mit der Zuordnung nicht aller, sondern nur einiger der Argumente und damit eine quantitative Differenzierung möglich.

Eine anspruchsvollere Alternative der Analysephase ab Klasse 7 stellt die Arbeit mit Videos zur Urteilsfrage dar, aus denen die Lernenden selbstständig die Argumente extrahieren. Die Videos von Mirko Drotschmann – „Wissen to go – Schulstreiks: Blödsinn oder sinnvoll?“ (MrWissentogo, 2019) – und Franziska Schreiber – „Schulstreiks: Muss das sein?“ (Schreiber, 2019) – bilden zahlreiche Argumente der Debatte ab und berücksichtigen jeweils beide Seiten, obgleich sie schließlich zu unterschiedlichen Standpunkten gelangen. Eine Auswertung beider Videos durch das Anlegen einer Liste mit Pro- und Kontra-Argumenten ist inhaltlich ertragreich. Auch auf der Grundlage dieser Medien lässt sich die Analysephase arbeitsteilig organisieren: Die Lerngruppe wird in vier Gruppen aufgeteilt, zwei Gruppen schauen jeweils ein Video, wobei sie jeweils nur die Pro- bzw. die Kontraargumente notieren.

## Die simulative Handlungsphase

| Sequenz-phase | Lernschritt | Funktion | Medien | Methoden/ Sozialformen | Kompetenz |
|---|---|---|---|---|---|
| Handlungs-phase (simulativ) (ca. 1–2 U-Stunden) | mit dem erarbeiteten Wissen simulativ politisch handeln | in einer Diskussion in eine Rollen schlüpfen (Perspektivwechsel) und die erarbeitete Position argumentativ vertreten | in Lernprodukten gesichertes Wissen der Analysephase | Regelgeleitete Kommunikationsform: z. B. Pro-Kontra-Debatte, Talkshow, Planspiel | (simulative) Politische Handlungs-kompetenz |

**Abb. 36: Die simulative Handlungsphase. Eigene Darstellung.**

Politische Handlungskompetenz und eine deutliche Handlungsorientierung (vgl. S. 44 bzw. S. 64) lässt sich im Unterricht mittels regelgestützter Kommunikationsformen gut simulativ schulen. In einer Pro-Kontra-Debatte, einer Talkshow oder einem Planspiel (vgl. S. 120) beispielsweise können Schüler:innen trainieren, eine Position argumentativ zu vertreten, in einer Diskussion aufeinander einzugehen, Lösungen zu suchen und Kompromisse zu finden. Dazu bietet die Handlungsphase der Unterrichtssequenz den notwendigen Raum. Die verschiedenen, in der Analysephase erschlossenen und gesicherten Positionen werden jetzt simulativ handelnd in einer übernommenen Rolle angewandt. Anders als in der folgenden Urteilsphase vertreten die Lernenden dabei nicht zwangsläufig ihre eigene Position, sondern sie vertreten die Sichtweise der ihnen zugewiesenen Rolle. Aus didaktischen Gründen wird ihnen also mitunter bewusst ein Perspektivwechsel, also das Hineinversetzen in eine ihnen zunächst fremde Perspektive, abverlangt. Die in der Handlungsphase angewandten Makromethoden (vgl. S. 120) folgen einer festgelegten Struktur, welche den Lernenden vor der Durchführung bekannt sein muss. Daher beginnt die Handlungsphase mit der Klärung des methodischen Ablaufs, bzw. bei wiederholter Anwendung der Methode mit der Erinnerung an diesen. Die Lerngruppe wird dann in Kleingruppen unterteilt, von denen jede eine zugewiesene Rolle vertritt. In der Vorbereitung auf die handlungsorientierte Methode machen sich die Lernenden mit ihrer zugewiesenen oder selbst gewählten Rolle vertraut und klären, welches Gruppenmitglied ihre jeweilige Rolle in der Durchführung vertritt.

Während der Durchführung der ausgewählten Diskussionsmethode unterstützen einfache Inszenierungselemente – wie eine spezifische Sitzordnung, Namensschilder, das Siezen und ggfs. ein markantes Requisit – das Hineinversetzen und Bleiben in der Rolle. Die Lernenden, die keine Rolle innerhalb der Methode übernehmen, erhalten arbeitsteilige Beobachtungs- und Dokumentationsaufträge: Sie notieren die Argumente einer Rolle oder verfolgen die Einhaltung des Ablaufs und der Gesprächsregeln.

Die methodische und inhaltliche Auswertung der Methodendurchführung beendet die simulative Handlungsphase. Zuerst werden die Spielenden mit der Rollendistanzierung aus ihren Rollen entlassen und können sich zu ihrem Erleben innerhalb der Methode äußern, bevor die Beobachtenden ihre Wahrnehmungen in konstruktiver Form mitteilen. Die notierten Argumente werden gesammelt, ggfs. erläutert, erklärt, mit dem Lernprodukt der Analysephase verglichen oder wenn nötig auch ergänzt bzw. korrigiert.

## Die simulative Handlungsphase der Beispielsequenz

| Sequenz-phase | Inhalte | Materialien und Medien | Methoden und Sozialformen | Kompetenzen und Standards |
|---|---|---|---|---|
| simulatives Handeln (ca. 1–2 U-Stunden) | Talk am Morgen: FFF-Demonstrationen während der Schulzeit – richtig oder falsch? | * Rollenkarte und Tabelle mit Argumenten<br>* Beobachtungs- und Dokumentationsbogen | Talkshow (Vorbereitung, Durchführung, methodische und inhaltliche Auswertung) | Methoden anwenden/regelorientierte Gesprächsformen durchführen |

**Abb. 37: Die simulative Handlungsphase in der Beispielsequenz. Eigene Darstellung.**

In der Beispielsequenz wird die politische Handlungskompetenz simulativ anhand der Makromethode Talkshow trainiert (vgl. S. 123). Die bereits in der Analysephase verwandten Rollenkarten bieten in diesem Fall auch für die Talkshow die Vorlage, sodass in ihr der Grundschüler Luis, die Gewi-Lehrerin Frau Siebert, der Schulleiter Herr Mierow und die Politikerin Frau Lindemann geleitet durch eine:n Moderator:in miteinander über die Frage „Fridays for Future-Demonstrationen während der Schulzeit – richtig oder falsch?“ debattieren.

Zur Vorbereitung bilden sich vier Teilgruppen entlang der vier Rollen, die sich anhand der jeweiligen Rollenkarte und mithilfe der Auswertungstabelle der Analysephase noch einmal in die Rolle eindenken und sich mit den eigenen Argumenten, aber auch mit den zu erwartenden Gegenargumenten vertraut machen. Die für die Debatte ausgewählten Schüler:innen dürfen die Unterlagen selbstverständlich auch als Gedankenstütze mit in die Diskussion nehmen. Die Schüler:innen, welche die Argumente der Diskutanten beobachten, nutzen sie als Checkliste und können, die Argumente, die in der Diskussion genannt werden, abhaken oder kommentieren, bzw. neue Argumente ergänzen. Für die Beobachtung und Dokumentation bietet sich eine Aufgabenteilung an, sodass jede:r Schüler:in nur eine:n Diskussionsteilnehmer:in beobachtet und sich dabei entweder inhaltlich auf die genannten Argumente oder methodisch auf die Regeleinhaltung oder die rhetorischen Fähigkeiten konzentriert.

| Fridays for Future-Demonstrationen: Sind die Meinungs- und Versammlungsfreiheit wichtiger als die Schulpflicht? | | | | |
|---|---|---|---|---|
| **Position** | Für die Demonstration Pro 1 | Für die Demonstration Pro 2 | Gegen die Demonstration Kontra 1 | Gegen die Demonstration Kontra 2 |
| **Rolle** | Luis, Schüler | Frau Siebert, Gewi-Lehrerin | Herr Mierow, Schulleiter | Frau Lindemann, Politikerin |
| **Argument 1** | | | | |
| **Argument 2** | | | | |
| … | | | | |
| **eigene, ergänzte Argumente** | | | | |
| **weitere Argumente aus der Talkshow** | | | | |
| **Gesprächsregeln eingehalten?** | | | | |
| **Diskussionsweise (z. B. klar, verständlich, überzeugend?)** | | | | |

**Abb. 38: Tabelle als Checkliste für die Beobachtung der Talkshow. Eigene Darstellung.**

Die Moderation der Talkshow ist anspruchsvoll und wird daher entweder von der Lehrkraft oder von besonders leistungsstarken Lernenden, häufig auch zu zweit, wahrgenommen. Weitere Adaptionen vorgegebener Methoden an die jeweilige Lerngruppe sind im Sinne einer eigenständigen Methodengestaltung (Hankele 2015,4) durch die Lehrkraft sinnvoll, wie bspw. die Besetzung jeder Rolle mit zwei Vertreter:innen, die sich gegenseitig ergänzen und unterstützen können oder der Anschluss einer Fragerunde aus dem Publikum am Ende der Talkshow zur Integration der Fragen oder Statements der beobachtenden Schüler:innen.

## Die Urteilsphase

| Sequenz-phase | Lernschritt | Funktion | Medien | Methoden/ Sozialformen | Kompetenz |
|---|---|---|---|---|---|
| Urteilsphase (ca. 1 U-Stunde) | ein politisches Urteil fällen | individuell und begründet, schriftlich und/oder mündlich über das Problem urteilen und dieses Urteil gegenüber Mitschüler:innen vertreten | z. B. schriftlich: Kommentar, Leserbrief, E-Mail, z. B. mündlich: Diskussion, Positionslinie, Streitlinie | Einzel- oder Partnerarbeit, Schreibkonferenz, Kleingruppendiskussion, Placement, Stumme Diskussion | Politische Urteilskompetenz |

**Abb. 39: Die Urteilsphase. Eigene Darstellung.**

In der Urteilsphase mündet die Unterrichtssequenz auf ihre Zielgerade ein und erreicht ihr höchstes Anspruchsniveau. Sollen doch jetzt die Lernenden vorbereitet durch die Informations-, Analyse- und Handlungsphase in der Lage sein, sich ein begründetes und eigenständiges Urteil zur exemplarischen Urteilsfrage zu bilden und es zu vertreten.

Ihr Urteil können sie schriftlich verfassen und/oder mündlich vortragen und dann in einen Austausch mit ihren Mitschüler:innen eintreten. Für die schriftliche Urteilsbildung in Einzelarbeit bietet sich die Textsorte Kommentar an, sei es in Form eines Briefes, Leserbriefes, einer E-Mail, eines Kommentars im Internet zu einer Sendung oder zu einem Artikel oder – sehr kurz – in Form eines Tweets oder eines Facebook-Eintrags. Der verfasste Text sollte dann Ausgangspunkt eines wiederum mündlichen oder ggfs. auch schriftlichen Austauschs mit den Mitschüler:innen sein.

Mündlich können die individuellen Urteile in eine Partner-, Kleingruppen- oder Klassendiskussion einfließen oder die Positionierung auf einer Positions- oder Streitlinie (Scholz 2020,34–35) vorbereiten. Schriftlich können sie zum Gegenstand einer Stummen Diskussion, einer Placemat-Diskussion oder einer Schreibkonferenz werden. Da sowohl das mündliche als auch vor allem das schriftliche Verfassen eines Urteils inhaltlich und sprachlich ausgesprochen voraussetzungsvoll ist, sollte die Lehrkraft hier unbedingt sprachbildende Scaffolding-Angebote machen.

## Die Urteilsphase der Beispielsequenz

| Sequenz-phase | Inhalte | Materialien und Medien | Methoden und Sozialformen | Kompetenzen und Standards |
|---|---|---|---|---|
| Urteil (ca. 1 U-Stunde) | Fridays for Future-Demonstrationen während der Schulzeit – richtig oder falsch? | *4 Rollenkarten (aus der Analyse-phase)<br>* Arbeitsblatt: Sprechblasen-Urteil mit Satzanfang | * Einzelarbeit – kurzes schriftliches Urteil<br>* Vier-Ecken-Methode und Diskussion in wechselnden Kleingruppen | * Urteilen/Werturteile entwickeln + mithilfe von Kategorien/individuellen Wertmaßstäben argumentieren + die Pluralität von Urteilen anerkennen und die eigene Position sachlich vertreten |

**Abb. 40: Die Urteilsphase in der Beispielsequenz. Eigene Darstellung.**

In der Beispielsequenz haben sich die Lernenden im Laufe der aufeinander aufbauenden Phasen der Unterrichtssequenz eine fundierte inhaltliche Basis erarbeitet, um ihr eigenes Urteil zur Frage – *Fridays for Future-Demonstrationen: Meinungs- und Versammlungsfreiheit wichtiger als Schulpflicht?* – in individueller Abwägung der ihnen bekannten Positionen und Argumente zu fällen. In Form der tabellarischen Ergebnissicherung aus der Analysephase haben sie eine gute Übersicht über wesentliche Argumente der Kontroverse. Um von diesen zu einem eigenen Urteil zu gelangen, ist es zunächst notwendig, die Argumente individuell zu hierarchisieren, d.h. sie gegeneinander abzuwägen, einige anzuerkennen, andere abzulehnen bzw. die verschiedenen Argumente aus der eigenen individuellen Perspektive als stärker oder schwächer zu bewerten. Es bietet sich an, diese inhaltliche Klärung auch durch Markierungen in der Argumente-Tabelle deutlich zu machen, bspw. indem die Schüler:innen die drei für sie wichtigsten und die drei für sie schwächsten Argumente hervorheben.

Neben der inhaltlichen Klärung sind Lernende in der Urteilsbildung auch sprachlich besonders gefordert. Vor allem ein schriftliches Urteil folgt einem anspruchsvollen sprachlichen Muster. Um Lernende von einer alltagssprachlichen Meinungsäußerung (vgl. 2. Spalte der untenstehenden Tabelle) tatsächlich zu einem bildungssprachlichen Urteil zu führen (vgl. 4. Spalte der untenstehenden Tabelle), müssen ihnen zunächst die Bestandteile eines politischen Urteils bekannt sein: Die Einleitung wirft die Problemstellung auf und benennt die Urteilsfrage, im Hauptteil werden zunächst verschiedene Sichtweisen dargestellt, um dann die eigene Abwägung zu formulieren, welche schließlich in der Darstellung der eigenen Position im Schlussteil mündet. Die Bestandteile des Urteils korrespondieren dabei mit den Phasen der Unterrichtssequenz: Die Einleitung des Urteils speist sich aus der Einleitungs- und Informationsphase, der Hauptteil aus der Analysephase, der Schlussteil aus der Urteilsphase.

Um den Schüler:innen im Sinne eines sprachbildenden Fachunterrichts die Entwicklung ihres Sprachvermögens von der Alltagssprache zur Bildungssprache zu ermöglichen, sind sprachbildende Scaffolds, wie ein Glossar, Satzbausteine, eine Konnektorenübersicht, Mustertexte oder vorstrukturierte und in Teilen vorformulierte Textgerüste unabdingbar.

| Bestandteile eines Urteils | alltagssprachliche Meinungsäußerung | Scaffolds | bildungssprachliches Urteil |
|---|---|---|---|
| **Einleitung** Problemstellung aufwerfen und Urteilsfrage benennen | *Was ich von den Umweltdemos halte …* | **Satzbausteine** Glossar **Konnektorenübersicht** | *Viele Kinder und Jugendliche demonstrieren mit Fridays for Future für eine bessere Klimapolitik.* **Es wird viel darüber diskutiert**, **ob** *es richtig ist,* **dass** *sie das während der Schulzeit tun.* |
| **Hauptteil 1** fremde Standpunkte wahrnehmen und darstellen Pluralität von Urteilen anerkennen | *Die Demonstrierer sagen eben ihre Meinung. Die anderen meinen, dass die Schule wichtiger ist.* | **Satzbausteine** Glossar **Konnektorübersicht** | **Die Befürworter der Proteste weisen auf** die Meinungsfreiheit der Kinder und Jugendlichen **hin**. Es ist **nämlich** ihr Recht, ihre Meinung frei und öffentlich zu äußern. **So steht es** im Grundgesetz und in der UN-Kinderrechtskonvention. …<br>*Die Gegner der Klimaproteste sehen das anders. …* |
| **Hauptteil 2** eigene Argumente mit Hilfe individueller Wertmaßstäbe begründen und die eigene Position sachlich vertreten | *Die Demonstrierer haben Recht. Unterricht kann man ja wohl später machen.* | **Satzbausteine** Glossar **Konnektorenübersicht** | **Das Argument** der Protestgegner **überzeugt mich nicht**. Für mich ist die Meinungsfreiheit wichtiger als die Schulpflicht. **Denn** wer Unterricht verpasst, kann ihn ja nachholen. |
| **Schlussteil** das individuelle, eigene Urteil formulieren, gestützt von Argumenten | *Ich selbst mache da nicht mit. Umwelt finde ich wichtig, ich will aber keinen Ärger in der Schule und zuhause.* | **Satzbausteine** Glossar **Konnektorenübersicht** | **Obwohl ich es gut finde, dass** *viele Kinder gegen den Klimawandel demonstrieren und sich* **damit** *für den Schutz der Umwelt einsetzen, traue ich mich selber* **aber** *nicht zu protestieren.* **Denn** *dann kriege ich schlechte Noten und meine Eltern sind sauer.* |

**Abb. 41: Entwicklung eines politischen Urteils mit Unterstützung von Scaffolds. Eigene Darstellung, zuerst erschienen in Studtmann/Jordan (2020).**

| Konnektorenübersicht |
|---|
| **Behauptungen** mit Begründungen, Erläuterungen etc. **verbinden**:<br>*weil, deshalb, da, wenn, wegen; sodass, damit, um zu; denn* |
| **Aussagen aneinanderreihen**:<br>*zusätzlich, ferner, schließlich, weiterhin, dann, auch, außerdem, ebenfalls, überdies* |
| **Vor und Nachteile gegenüberstellen, abwägen**:<br>*Einerseits … andererseits …/Nicht nur …, sondern auch …/Stellt man … gegenüber, so …*<br>*Vergleicht man …, dann …/Daher kann man sagen, dass …* |

**Abb. 42: Konnektorenübersicht. Eigene Darstellung, zuerst erschienen in Studtmann/Jordan (2020).**

<table>
<tr><th colspan="4">Glossar</th></tr>
<tr><th>Wort und grammatikalische Hinweise</th><th>Erklärung</th><th>Synonym/ Antonym/ Beispiel</th><th>Bild</th></tr>
<tr><td>de/mons/trie/ren (Perfektbildung mit „haben“)<br>die De/mons/tra/tion (Substantiv), f., Pl. -en, Kurzwort: die Demo<br>eine De/mons/tra/tion veranstalten/an ihr teilnehmen<br>der De/mons/trant (Substantiv), m., Pl. -en<br>die De/mons/tran/tin (Substantiv), f., Pl. -innen<br>das De/mons/tra/tions/recht (Substantiv), m., nur im Sg.</td><td>Menschen treffen sich auf öffentlichen Plätzen und ziehen in langen Reihen mit Lautsprechern, Plakaten und Spruchbändern durch die Straßen. Damit wollen sie Politiker*innen und andere Menschen auf ihre Meinung oder ihre Forderungen aufmerksam machen. In der Demokratie ist das Recht zu demonstrieren in der Verfassung festgehalten und damit jedem erlaubt.</td><td>S: protestieren, seine Meinung öffentlich deutlich machen<br>A: Zensur = das Verbot, seine Meinung öffentlich zu äußern<br>B: Wieder nahmen Tausende Kinder, Jugendliche und Erwachsene an der Demonstration teil.</td><td>© picture alliance / xim.gs | xim.g</td></tr>
<tr><td>das Grund/ge/setz (Substantiv), n., nur im Sg.<br>der Grund/ge/setz/ar/ti/kel (Substantiv), m., Pl -</td><td>Das Grundgesetz (es wird oft mit GG abgekürzt) ist die Verfassung der Bundesrepublik Deutschland. Das Grundgesetz gibt es seit ihrer Staatsgründung im Jahr 1949. In ihm stehen die allerwichtigsten „Spielregeln“ für das Zusammenleben der Menschen in Deutschland. Sie heißen „Artikel.“</td><td>S: die Verfassung der Bundesrepublik Deutschland<br>A: –<br>B: Der Artikel 20a des Grundgesetzes verpflichtet den Staat die „natürlichen Lebensgrundlagen“ zu schützen.</td><td>© picture alliance / Bildagentur-online | Joko</td></tr>
</table>

**Abb. 43: Glossar. Eigene Darstellung, zuerst erschienen in Studtmann/Jordan (2020).**

| Satzbausteine |
|---|
| **a) für die Einleitung eines Urteils**<br>*Es wird viel darüber diskutiert, dass … / Es ist ein viel diskutiertes Thema, ob … / Es stellt sich die Frage, ob …* |
| **b) für die Darstellung verschiedener Perspektiven**<br>*Befürworter verweisen auf … / Gegner weisen hin auf … / Kritiker sind der Auffassung, dass …* |
| **c) für die Stützung von Positionen durch Argumente**<br>*Sie begründen ihren Standpunkt damit, dass … / Viele Schüler*innen sind der Ansicht, dass … /Manche Politiker*innen sind der Meinung, dass …* |
| **d) für den Verweis auf rechtliche Rahmenbedingungen**<br>*So steht es in … / Das Grundgesetz besagt, dass … / …, wie es in der UN-Kinderrechtskonvention steht, …* |
| **e) für die Abwägung von Argumenten**<br>*Aus meiner Sicht ist das Argument (nicht) überzeugend …, weil … / Der Hinweis auf … überzeugt mich (nicht), weil …* |
| **f) für den Schlussteil**<br>*Ich finde gut, wenn … / Ich selber bin der Auffassung, dass … / Meiner Meinung nach ist es wichtig/ notwendig …* |

**Abb. 44: Satzbausteine. Eigene Darstellung, zuerst erschienen in Studtmann/Jordan (2020).**

Alternativ zu dieser umfangreichen und anspruchsvollen Version eines vollständigen politischen Urteils (ab Jahrgangsstufe 7) sind kürzere, vorbereitende Varianten denkbar und sinnvoll, die sowohl den Anspruch an den Inhalt als auch die Länge und Form des Urteils reduzieren. So könnten Lernende der Jahrgangsstufen 5 und 6 ihren eigenen Kommentar als Ergänzung des Satzes – *Die Fridays for Future-Demonstrationen während der Schulzeit finde ich …, weil …* – auf einem Sprechblasen-Arbeitsblatt notieren und mit diesem in der Hand sich mit Mitschüler:innen bspw. in einem rotierenden Partnergespräch (Scholz 2020,4–5) austauschen oder sie auf einem Urteilsplakat der gesamten Klasse sammeln und dann zum Ausgangspunkt einer Klassendiskussion machen. Urteile als Einträge in Kommentarfeldern von Internetseiten vergrößern die Reichweite und erfahren ggfs. über die Klasse hinausgehende Resonanz. So endet die Kindersendung *Neuneinhalb* (WDR, 2019) zum Thema Fridays for Future mit der Frage „Habt ihr eigentlich auch schon mal demonstriert oder habt ihr es vielleicht vor?" Beide Kurzformen des Urteils bahnen die Urteilsbildung an und machen dadurch schrittweise vertrauter mit der für das Fach Politik und für die Demokratie so wichtigen Urteilskompetenz.

In unserer Beispielsequenz knüpfen wir in der Form der Urteilsbildung an die Personalisierung verschiedener Standpunkte durch die Talkshow-Rollen an. So werden den Schüler:innen erneut die Rollenkarten der Analysephase zur Verfügung gestellt, die ihnen neben den Argumenten auch ein sprachliches Muster für das eigene Urteil bieten. Zunächst sollen sie sich für eine der vier Positionen entscheiden, die ihrer eigenen am ehesten entspricht. Auf der Rollenkarte markieren sie das – aus ihrer Sicht – stärkste Argumente und ergänzen mit diesem und einem eigenen auf einem Sprechblasen-Arbeitsblatt vorgegebene Satzanfänge. Mittels der Vier-Ecken-Methode (Scholz 2020, 6) ordnen sich die Schüler:innen dann auch räumlich der Talkshow-Rolle zu, mit der sie am stärksten übereinstimmen. So wird zum einen das Stimmungsbild innerhalb der Klasse sichtbar. Zum anderen eröffnet die Zuordnung die Chance, sich zunächst mit Gleichgesinnten, die sich der selben Rolle zugeordnet haben, auszutauschen, bevor sich neue Kleingruppen mit unterschiedlichen Positionen finden, in denen weiter diskutiert wird.

## Die Reflexionsphase

| Sequenzphase | Lernschritt | Funktion | Medien | Methoden/ Sozialformen | Kompetenz |
|---|---|---|---|---|---|
| Reflexionsphase (ca. 0,5 U-Stunde) | Meta kommunikation | den eigenen Lernprozess reflektieren | z. B. Ampelkarten, Zielscheibe, Evaluationslandschaft | z. B. Blitzlicht, Daumenabfrage | Lernprozessbezogene Urteilskompetenz |

**Abb. 45: Die Reflexionsphase. Eigene Darstellung.**

Die Unterrichtssequenz endet mit einer Reflexionsphase, in der die Schüler:innen ihren Lernweg inhaltlich und methodisch reflektieren. So können sie sich selbst, ihren Mitlernenden und der Lehrkraft Rückmeldungen zu der Unterrichtssequenz geben. Dabei vergewissern sie sich ihres Lernzuwachses, erkennen ggfs. noch offene oder neu entstandene Fragen, können Herausforderungen benennen und ggfs. nächste Ziele formulieren. Die Reflexion kann sich vielfältiger Methoden bedienen (z. B. dem Blitzlicht, der Daumen-, der Zielscheiben-Abfrage oder der Evaluationslandschaft, Scholz 2020, 56–59), mündlich oder schriftlich und einzeln oder im Plenum erfolgen.

## Die Reflexionsphase der Beispielsequenz

| Sequenz-phase | Inhalte | Materialien und Medien | Methoden und Sozialformen | Kompetenzen und Standards |
|---|---|---|---|---|
| Reflexion (ca. 15') | Top oder Flop – Wie war die Unterrichtssequenz? | * Satzanfänge visualisiert | Blitzlicht mit Satzanfängen „Ich habe gelernt …/Die Talkshow fand ich …/Ich frage mich …" | * Urteilen/eigenen Lernweg reflektieren |

**Abb. 46: Die Reflexionsphase der Beispielsequenz. Eigene Darstellung.**

In der Beispielsequenz wählen wir ein kurzes mündliches Feedback in Form eines Blitzlichtes, bei dem die Lernenden Satzanfänge vervollständigen. Wir fragen in offenen Fragen nach dem Lernertrag, der Makromethode Talkshow und weiterführenden Fragen.

## Die reale Handlungsphase

| Sequenz-phase | Lernschritt | Funktion | Medien | Methoden/ Sozialformen | Kompetenz |
|---|---|---|---|---|---|
| ggfs. Handlungs-phase (real) | ggfs. gemäß dem eigenen Urteil real (politisch) handeln | das individuelle politische Urteil in und außerhalb der Schule in konkretes Handeln umsetzen | z. B. den individuellen Lebensstil an das Urteil anpassen, schul-, kommunal- oder gesellschaftpolitisch aktiv werden | z. B. Konsumgewohnheiten ändern, Antrag in die Schülervertretung einbringen, Brief an Schulleitung, eigene Position öffentlich vertreten | (reale) Politische Handlungskompetenz |

**Abb. 47: Die reale Handlungsphase. Eigene Darstellung.**

In Bezug auf manche politischen Themen ist es Kindern und Jugendlichen möglich, das getroffene Urteil in reales politisches Handeln umzusetzen. Kinder können beispielsweise

- ihren individuellen Lebensstil ihrem Urteil anpassen und als bewusste Konsument:innen Politik machen,
- sich bezogen auf das Unterrichtsthema an der eigenen Schule oder im eigenen Stadtteil engagieren oder
- sich an öffentlicher Meinungsbildung zum Thema beteiligen.

Ist das Thema der Unterrichtssequenz für konkretes politisches, demokratisches Handeln geeignet, bietet es sich an, eine reale Handlungsphase im Sinne der Handlungsorientierung als Ziel (Wohnig 2022, 254) an die Unterrichtssequenz anzuschließen. Im Sinne des Überwältigungsverbotes des Beutelsbacher Konsenses (vgl. S. 46) kann reales politisches Handeln im Rahmen der Schule selbstverständlich nur freiwillig geschehen und darf nicht in die unterrichtliche Leistungsbewertung einbezogen werden. Reales politisches Engagement darf im schulischen Kontext keine Verpflichtung sein, es darf und sollte als demokratisches Engagement aber angeregt, begleitet, ausgewertet und reflektiert werden (vgl. S. 35).

## Die reale Handlungsphase der Beispielsequenz

| Sequenzphase | Inhalte | Materialien und Medien | Methoden und Sozialformen | Kompetenzen und Standards |
|---|---|---|---|---|
| ggfs. reales Handeln | Mein Handeln – Ich bestimme mit, indem ich …/Für den Klimaschutz tue ich … | * Informationen zu Mitbestimmungs- und Handlungsmöglichkeiten zum Klimaschutz | * Projekt – freiwillige demokratische Teilhabe oder Klimaschutz-Engagement von SuS zuhause, in der Schule oder im Stadtteil | * Spielräume für politisches und demokratisches Handeln ermitteln |

**Abb. 48: Die reale Handlungsphase der Beispielsequenz. Eigene Darstellung.**

Bezogen auf unsere Beispielsequenz könnten die Schüler:innen, welche die Fridays for Future-Demonstrationen für richtig halten, tatsächlich an einer Demonstration teilnehmen. Sie könnten, falls sie die Demonstrationen während der Schulzeit nicht für angemessen halten, aber sich in einer anderen Weise für Klimaschutz einsetzen möchten,

- ihren eigenen Lebensstil klimafreundlicher gestalten, z. B. indem sie auf regionale und saisonale Ernährung achten, auf Einweg-Verpackungen verzichten und Lebensmittelverschwendung oder einen überbordenden Kleidungskonsum reduzieren
- andere – bspw. Eltern oder Mitschüler:innen anderer Klassen – zum Thema Klimawandel und einem klimafreundlichen Lebensstil informieren,
- in einer Klassenaktion Geld sammeln und diese einer im Klimaschutz engagierten Initiative, einem Verein oder einer Organisation spenden,

- sich in der Schule einer Umwelt-AG anschließen und auf ein klimafreundlicheres Schulleben (Umweltladen, Müll, Essensangebot in der Mensa, Klassenfahrten etc.) hinwirken,
- in einem örtlichen Jugendparlament zum Thema aktiv werden,
- Petitionen zum Klimaschutz unterschreiben oder
- Mitglied in einem Verein werden, der sich für Klimaschutz einsetzt.

Sollte in der Klasse das Interesse und die Bereitschaft zu Engagement vorhanden sein, kann und sollte im Sinne der Bildung für nachhaltige Entwicklung sowie der Demokratiebildung Politikunterricht Informationen zu und Unterstützung für reales politisches Handeln bieten. Zu all den genannten Partizipationsformen kann der Politikunterricht Informationen vermitteln, um freiwilliges reales demokratisches Handeln anzustoßen und zu begleiten.

Konkrete Anregungen zu individuellen CO2-Einsparungsmöglichkeiten mittels eines klimafreundlicheren Lebensstils geben zahlreiche Informations- und Unterrichtsmaterialien oder Filme (vgl. S. 119).

## Fachtypische Materialien und Medien finden

Da Politikunterricht neben einem hohen Lebensweltbezug und einer starken Adressat:innen-Orientierung selbstverständlich auch stets dem Prinzip der Aktualität verpflichtet ist, stellt sich der Lehrkraft insbesondere die Frage, wie und wo sie aktuelle und für den Anfangspolitikunterricht geeignete Materialien zeiteffizient finden kann, sofern Sie nicht alle Unterrichtsmaterialien selber erstellt, was zwar eine wünschenswerte, aber im Schultag unrealistische Anforderung darstellt.

- *Schulbücher* können naturgemäß dem Aktualitätsanspruch selten genügen, sind aber häufig hilfreich, um konzeptuelles Deutungswissen zu vermitteln und damit die allgemeinen, dem aktuellen Fallbeispiel zu Grunde liegenden Sachverhalte zu behandeln. Alle bekannten Schulbuchverlage bieten Politikbücher an. Vermehrt gelangen auch Schulbücher für das Verbundfach Gesellschaftswissenschaften auf den Markt, das in zahlreichen Bundesländern eingeführt ist oder vor der Einführung steht.
- *Fachdidaktische Zeitschriften* erscheinen mehrfach im Jahr und können daher deutlich aktueller sein als Schulbücher. Sie bieten zu zentralen Themenfeldern ausgearbeitete Unterrichtsmaterialien an, welche sie fachlich einführen und didaktisch erläutern. Somit sind sie gerade für

Berufsanfänger:innen und fachfremd Unterrichtende besonders hilfreich. Für die Klassen 5 bis 7 sind vor allem die Zeitschriften *Politik & Unterricht*, herausgegeben von der Landeszentrale für politische Bildung in Baden-Württemberg und auch kostenlos digital verfügbar, sowie die *Wochenschau* in den Ausgaben für die Sekundarstufe 1 hilfreich.

- Die *Bundeszentrale für politische Bildung(BpB)* bildet für Politiklehrkräfte vor allem mit ihren Publikationen – Unterrichtsmaterialien, Bücher, Filme, Spiele und Plakate –, aber auch in Form von Fortbildungen und Tagungen eine enorme Unterstützung. Von den zahlreichen Angeboten der BpB eignen sich für die Klassen 5 bis 7 zum einen das Internetportal *HanisauLand*, das sich auf die Zielgruppe der 8- bis 14-Jährigen konzentriert und sich dabei in einen Kinder- und einen Lehrkräfte-Bereich aufteilt. Zum anderen sind die Unterrichtsmaterial-Reihen *Thema im Unterricht, einfach POLITIK und Themenblätter im Unterricht* für den Anfangspolitikunterrichtaltersangemessen. Zudem bietet die BpB verstärkt Materialien auch für inklusive politische Bildung an, wie z.B. die Reihe *einfach POLITIK*, die in einfacher Sprache verfasst ist und zusätzlich ein digitales Lexikon anbietet. Auch die den Bundesländern zugeordneten *Landeszentralen für politische Bildung (LpB)* bieten, mit einem stärker regionalen Zuschnitt, interessante Materialien auch für den Politikunterricht mit jüngeren Lernenden.
- *Kinderlexika* sind als Textfundus für Lehrkräfte, aber auch als Quelle für die Eigenrecherche der Schüler:innen wertvoll. Hier seien neben den Angeboten der BpB – *Das junge Politik-Lexikon, einfach POLITIK: Lexikon* und *HanisauLand-Lexikon* – bspw. auch das Lexikon der Kindersachsendung *9 1/2* des WDR empfohlen.
- *Kindersachsendungen* mit fachlich fundierten Informationen bieten sich als audiovisuelle Medien vor allem wegen ihres lebensweltbezogenen Zugangs und ihrer lebendigen Vermittlung auch schwergewichtiger Themen gut für den Anfangspolitikunterricht an. Während die Sendungen Neuneinhalb (WDR) und *Pur +* (ZDF)für die Informationsphase einen guten Überblick über Themen bieten und zugleich Anstöße für reales politisches Handeln geben, eignet sich die Sendung *Logo!news:date – Pro – contra?* (Kika) mit ihrer Gegenüberstellung von Pro- und Kontraargumenten zu problemorientierten und aktuellen Fragestellungen ausgesprochen gut vor allem für die Analysephase.

- Die täglich erscheinende, 10-minütige *Kindernachrichten-Sendung logo!* (Kika) erweist sich als hervorragendes Medium für den Politikunterricht in den Klassen 5 bis 7. *logo!* informiert kindgerecht und zugleich fachlich fundiert über wichtige aktuelle Entwicklungen, fokussiert politische Ereignisse stets auf ihre Bedeutung und ihre Folgen für Kinder und stellt zudem durchgängig auch Kinder und Jugendliche als politische Akteur:innen in ihrem Handeln vor. So eignet sich *logo!* einerseits im Sequenzeinstieg für die Hinführung zum aktuellen Fallbeispiel der Unterrichtssequenz und andererseits mit seinen konkreten Beispielen gesellschaftlichen Engagements von Kindern und Jugendlichen ebenso als Anregung für die Handlungsphase. Zudem ermöglicht das regelmäßige Sehen von Kindernachrichten und seine Auswertung bspw. im Rahmen einer *Aktuellen Viertelstunde* einen interessanten und zugleich niedrigschwelligen Zugang zu Politik an. Die *logo!* Themenseiten der zugehörigen Homepage bieten außerdem eine ergiebige Recherchemöglichkeit für Lehrkräfte und Schüler:innen gleichermaßen. *logo! extra*-Sondersendungen – bspw. zur Bundestagwahl (2021), zu Kindern auf der Flucht (2021) oder Mitbestimmung in der Schule (2019) – ergänzen das wertvolle Angebot der Nachrichtensendung. Auch der deutsch-französische Sender Arte produziert eine Kindernachrichten-Sendung: Das siebenminütige *Arte Journal Junior*- konzipiert für Kinder zwischen 10 und 14 Jahren – erscheint werktags mit aktuellen Themen aus Deutschland, Frankreich und Europa und integriert dabei stets die Fragen einer deutschen oder französischen Schulklasse.
- *Erklärvideos* sind zwar aufgrund ihrer Kürze von circa zwei bis zehn Minuten gut für die Informationsphase geeignet, sollten aber andererseits mit Blick auf ihre oft hohe Informationsdichte im inhaltlichen Anspruch nicht unterschätzt werden. Geeignete Erklärvideos sind beispielsweise die sehr kurzen, einminütigen *logo! Erklärstücke*, die Beiträge des *Neuneinhalb-Videolexikons*, die *Erklärvideos des Bundestages* oder manche der bis zu 20 Minuten langen *MrWissen2go*-Beiträge von Mirko Drotschmann.
- Aktualität bieten auch *Podcasts* zu politischen Themen, die zunehmend auch im Zuschnitt für ein jüngeres Publikum produziert werden. Hier lohnt sich der Blick bspw. auf den Podcast *GEOLino Spezial* der Kinderzeitschrift *GEOLino* oder den vierzehntägig erscheinenden *tagesschau Zukunftspodcast mal angenommen*, der wichtige Problemstellungen mittels eines Positiv- und Negativ-Szenarios in je rund 25 Minuten diskutiert.

- *Kinderzeitschriften* sind als unterrichtsbegleitende Lektüre – idealerweise angeboten in einer Schul- oder Klassenbibliothek – gut geeignet, um Interesse an politischen Themen zu wecken. Vor allem die Zeitschriften *GEO-Lino*, inkl. ihrer Extra-Ausgaben, *Dein Spiegel* und *Zeit Leo* greifen regelmäßig in adressat:innengerechter Form Themen des frühen Politikunterrichts auf und sind durch ihre monatliche Erscheinungsweise relativ aktuell.
- Schließlich bieten sich selbstverständlich auch *Kindersachbücher* für den frühen Politikunterricht an, die grundlegendes konzeptionelles Deutungswissen, häufig auf eine motivierende oder aktivierende und sehr anschauliche Art und Weise vermitteln.
- Auch mit *Kinder- und Jugendliteratur* bzw. *Kinder- und Jugendtheaterstücken* lässt sich mitunter im Politikunterricht arbeiten. Die Personalisierung politischer Sachverhalte in fiktiven Texten führt tatsächliche, mögliche oder zukünftige Auswirkungen politischer Entscheidungen anschaulich und konkret fassbar vor und bietet damit die Chance Lernende für die Sache zu öffnen und sie durch eine stärker emotionale Ansprache zu motivieren. Die Fiktionalität dieser Medien auch mit den Lernenden zu reflektieren, ist bei ihrer Verwendung allerdings unabdingbar.

Die folgende Tabelle fasst die Hinweise zu den fachspezifischen Unterrichtsmaterialien für den Politikunterricht in den Klassen 5 bis 7 zusammen und veranschaulicht diese zugleich durch Beispiele, die zum Thema der exemplarischen Unterrichtssequenz passen. Dabei versteht sie sich als Übersicht und erhebt keineswegs den Anspruch auf Vollständigkeit.

| Medium | Titel bzw. Link | Passend zur U-Sequenz |
|---|---|---|
| **Politikschulbücher**<br><br>**Klasse 5–7** | * Demokratie heute, Schroedel<br>* Mensch und Politik, Schroedel<br>* Politik & Co, Buchner<br>* Politik 1, Schöningh<br>* Team, Schöningh<br>* Projekt G, Klett<br>* starkeSeiten Wirtschaft/Politik, Klett<br>* Team, Westermann<br>* Wirtschaft und Politik, Cornelsen | |

| | | |
|---|---|---|
| **Schulbücher für das Fach Gesellschaftswissenschaften Klasse 5–6** | *Gesellschaftslehre, Buchner<br>* Heimat und Welt, Westermann<br>* Klick, Cornelsen<br>* Menschen, Zeiten, Räume, Cornelsen<br>* Projekt G, Klett<br>* trio, Schroedel | |
| **Fachdidaktische Zeitschriften** | * Wochenschau Sek I, Wochenschau Verlag<br>* Politik & Unterricht (LpB BW) | Politik & Unterricht (2018) Demokratie – (er)leben, gestalten, entscheiden |
| **Unterrichtsmaterial der Bundeszentrale für politische Bildung** | * HanisauLand (BpB)<br>* Thema im Unterricht<br>* einfach POLITIK<br>* Themenblätter | z. B. Politik für Einsteiger<br>z. B. Einmischen. Mitentscheiden. Über das Mitmachen in der Demokratie<br>z. B. Klimaschutz und gesellschaftlicher Wandel |
| **Publikationen der Landeszentralen für politische Bildung** | | Plakat *Berlin mitgestalten* (LPB Berlin)<br>Grundrechtefibel (LPB BW) |
| **Kinderlexika** | * Neuneinhalb – Kinderlexikon (WDR)<br>* Schneider/Toyka-Seid (2013): Das junge Politik-Lexikon, BpB<br>* einfach POLITIK: Lexikon (BpB) | |
| **Kindersachsendung** | * Pur + (ZDF)<br>* Neuneinhalb (WDR)<br>* logo! news:date – Pro – Contra? (Kika)<br>* logo! extra (Kika) | z. B. Wählt mich!/Klima retten – jetzt!<br>z. B. Fridays for Future – Wie Schüler*innen für den Klimaschutz kämpfen<br>z. B. Klima retten: Wer macht's<br>z. B. Unsere Schule – unsere Entscheidung! |
| **Kindernachrichten** | * logo! (Kika)<br>* Arte Journal Junior (Arte) | |
| **Erklärvideos** | * logo! Erklärstücke (Kika)<br>* Neuneinhalb – Video-Lexikon (WDR)<br>* Erklärvideos des Bundestages<br>* MrWissen2go (FUNK) | z. B. Demokratie<br>z. B. Kinderrechte<br>z. B. Das Grundgesetz<br>z. B. Schulstreiks: Blödsinn oder sinnvoll? |
| **Podcast** | * GEOlino Spezial<br>* Der tagesschau Zukunfts-Podcast mal angenommen | z. B. Demokratie: Kinder an die Macht<br>z. B. Bürgerräte regieren mit? Was dann? |
| **Kinderzeitschriften** | * GEOLino<br>* GEOLino Extra<br>* Dein Spiegel<br>* Zeit Leo | Demokratie |

| Kindersachbücher | * Arkona/Zipse/Surrey (2009): Warum haben wir keinen König? So funktioniert unsere Demokratie, Herder<br>* Frith/Hore/Stowell (2019): Weltpolitik einfach verstehen, London.<br>* Müller/Peters (2020): So geht Politik, München.<br>* Wyatt (2014): Die Bademattenrepublik, Anleitungen zum Aufbau einer eigenen Demokratie, Klett<br>* DK Verlag (Hg.)(2010): Wer ist Chef im Staat? So funktioniert Politik!, München.<br>* Paxmann (2021): So geht's! Demokratie für Kids, München.<br>* Levenson/Boston (2021): Politik, Hamburg. | Schade/Hüller (2016): Kinder, das sind eure Rechte, Thienemann<br>Eck (2019): 100 Dinge, die du für die Erde tun kannst, Köln. |
|---|---|---|
| **Kinder- und Jugendliteratur** | * Rehermann/Schlör (2021): Von Hogwarts nach Wakanda | Tungodden (2005): Die Ministerpräsidentin |
| **Kinder- und Jugendtheater** | | Die Ministerpräsidentin (Atze Musiktheater Berlin)<br>No planet B (Atze Musiktheater Berlin) |

**Abb. 49: Fachspezifische Unterrichtsmaterialien für den Politikunterricht in den Klassen 5 bis 7. Eigene Darstellung.**

## Fachspezifische Methoden auswählen

Vor allem handlungsorientierte und forschend-entdeckende Methoden sind im Sinne ihrer Handlungs- und Wissenschaftsorientierung fachtypisch für den Politikunterricht und werden im Folgenden im *Überblick* v.a. im Hinblick auf ihren Bezug zu den politikdidaktischen Prinzipien (vgl. ab S. 59), ihrem Beitrag zur Kompetenzentwicklung der Lernenden (vgl. ab S. 39) sowie ihrer Funktion innerhalb einer Unterrichtssequenz (vgl. ab S. 87) vorgestellt. Für die *vertiefte Auseinandersetzung* mit den hier ausgewählten und weiteren Methoden eignet sich die am Ende des Kapitels angeführte, fachdidaktische Methodenliteratur.

### Regelorientierte Gesprächsformen – Pro-Contra-Debatte, Talkshow und Planspiel

Als regelorientierte Gesprächsformen sind die Pro-Contra-Debatte, die Talkshow und das Planspiel dem Prinzip der Handlungsorientierung verpflichtet und schulen simulativ die vier Facetten der politischen Handlungskompetenz:

das Artikulieren, das Argumentieren, das Verhandeln und das Entscheiden (vgl. S. 43–44). Zugleich entwickeln sie damit Voraussetzungen für die politische Urteilskompetenz, denn auch sie verlangt den Lernenden Entscheidung und Argumentation ab. Allen drei diskursiven Methoden ist gemeinsam, dass die Kontroversität als Kernprinzip der politischen Bildung in der Struktur der Methoden bereits deutlich zu erkennen ist. So teilen die drei Methoden die unterschiedlichen Standpunkte zu politischen Fragestellungen auf verschiedene Rollen auf, die im Perspektivwechsel simulativ von den Lernenden übernommen werden. Durch die Personalisierung verschiedener Standpunkte wird zudem verdeutlicht, dass politische Aushandlungsprozesse nicht von *der* Politik oder *dem* Staat getroffen werden, sondern in einer dem Pluralismus verpflichteten, demokratisch verfassten Gesellschaft zwischen Menschen bzw. Vertreter:innen von Interessengruppen stattfinden (vgl. S. 16). Zudem realisieren alle drei Methoden die Prinzipien der Problemorientierung und der Exemplarität (vgl. ab S. 62–63), indem sie das Thema der Unterrichtssequenz jeweils durch die Fokussierung auf ein Fallbeispiel gestalten, das als Entscheidungsfrage formuliert und diskutiert wird.

## Die Pro-Contra-Debatte

Die *Pro-Contra-Debatte* ist ein im Unterricht inszeniertes, formalisiertes Streitgespräch zu einer umstrittenen politischen Entscheidung. Sie eignet sich besonders zur Diskussion für konkrete Entscheidungsfragen, wie z.B. *Wahlrecht auch für Kinder?*, *Die Impfpflicht für alle Erwachsenen?* oder *Ein Veggietag in unserer Schulmensa?* Damit bildet die Pro-Contra-Debatte simulativ konkrete politische Entscheidungssituationen ab, welche das Abwägen verschiedener Lösungen und den Austausch zahlreicher Argumente im demokratischen Aushandlungsprozess widerspiegelt. Auch der Wettbewerb *Jugend debattiert* folgt einer streng formalisierten Form der Pro-Contra-Debatte nach angelsächsischem Modell, die für den Anfangspolitikunterricht aber recht anspruchsvoll ist. Die Hinführung an die Pro-Contra-Debatte mittels einer vereinfachten Struktur erscheint für jüngere Lernende daher als sinnvoller: So kann die Klasse in der Vorbereitung der Pro-Kontra-Debatte in Gruppen aufgeteilt werden, die jeweils entweder der Pro- oder Kontraposition zugeordnet werden. Auf der fachlichen Grundlage einer fundierten Informations- und Analysephase (vgl. S. 95–102) sammeln, notieren, sortieren und belegen die Gruppen ihre Argumente und wählen Vertreter:innen aus, welche ihre Gruppe in der Debatte vertreten. Die Moderation, besetzt durch die Lehrkraft oder ggfs. durch ein oder zwei besonders eloquente und gut vorbereitete Schüler:innen, führt kurz in das Thema ein, erteilt dann den Diskutierenden abwechselnd das Wort, achtet auf den regelhaften Ablauf der Debatte und führt auch aus der Diskussion wieder heraus. Die Debattierenden der beiden Seiten sitzen sich gegenüber und verdeutlichen auch darüber ihre gegensätzlichen Standpunkte.

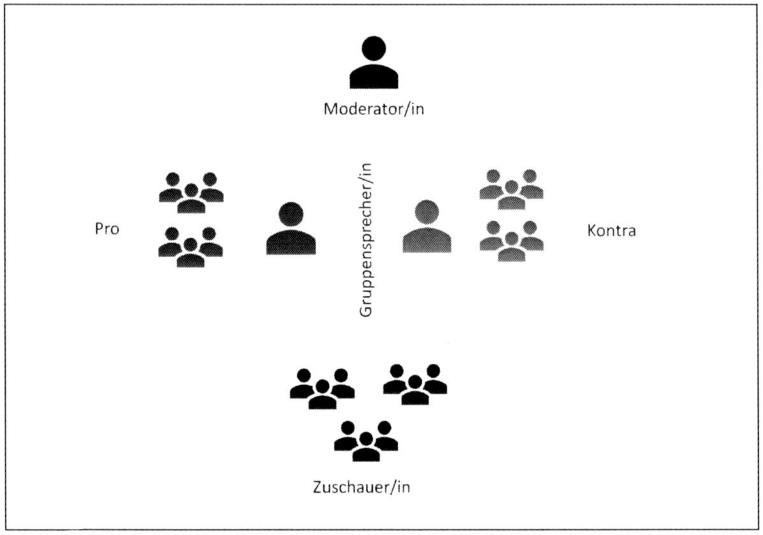


**Abb. 50: Anordnung der Diskutanten in der Pro-Contra-Debatte. Eigene Darstellung.**

Das Publikum, also die Lernenden, die nicht unmittelbar als Redner:innen an der Debatte teilnehmen, erhalten Beobachtungsaufträge, welche in der Reflexion nach der Durchführung ausgewertet werden. So halten sie, sinnvollerweise arbeitsteilig, den inhaltlichen Ertrag der Debatte fest, notieren angeführte Argumente, beobachten die Einhaltung der Gesprächsregeln, das Auftreten der Debattierenden oder ihre rhetorischen Fähigkeiten. Selbstverständlich sind der jeweiligen Lerngruppe angepasste methodische Varianten der Methode möglich, z.B. durch die Ergänzung von Abstimmungen vor und/oder nach der Debatte, durch den Einbezug des Publikums in einer Fragerunde oder in der Ermöglichung einer zeitweisen Teilnahme an der Debatte über die Einnahme eines „Springerplatzes“ in Anlehnung an das Verfahren der Fishbowl-Diskussion.

## Die Talkshow

Auch die Talkshow ist eine im Unterricht simulierte Form des Meinungsaustauschs, welche sich an bekannten TV-Formaten orientiert. Die Fragestellung einer Talkshow ist meist offener formuliert als in der Pro-Contra-Debatte, z.B. *Was tun gegen Kinderarmut?*, *Wie können wir in Vielfalt gut lernen?* oder *Hass ist keine Meinung – Wie weit geht die Meinungsfreiheit?*

Damit bildet die Talkshow im Vergleich zur Pro-Kontra-Debatte einen früheren Zeitpunkt innerhalb des politischen Aushandlungsprozesses ab. Es werden zur ausgewählten Thematik verschiedene Lösungsentwürfe vorgestellt, begründet und diskutiert, ohne dass eine Einigung gefunden oder eine konkrete Entscheidung getroffen werden muss. Daher fördert die Talkshow stärker die Kompetenzfacetten Artikulieren und Argumentieren, weniger das Verhandeln und Entscheiden. Wie in der Pro-Contra-Debatte treffen auch in der Talkshow kontroverse Positionen aufeinander, welche durch eine Moderation in ihrem Streitgespräch geleitet werden. Allerdings vertreten die Diskutierenden in der Talkshow jeweils die Standpunkte verschiedener Interessensgruppen, die als solche auch konkret benannt werden. So treffen in unserer Beispielsequenz (vgl. S. 101) ein Schüler, eine Lehrkraft, ein Schulleitungsmitglied und eine Politikerin in der Talkshow aufeinander. Eine Talkshow ist grundsätzlich mit konträren Positionen besetzt, wobei je nach Thema und gesellschaftlichem Diskurs auch vermittelnde Positionen denkbar und sinnvoll sein können. Aus Gründen der didaktischen Reduktion und im Sinne einer arbeitsteiligen Erarbeitung hat sich im Anfangspolitikunterricht die Arbeit mit meist vier bis maximal sechs Standpunkten bewährt. Die Lernenden machen sich mit Hilfe einer von der Lehrkraft vorgelegten Rollenkarte mit dem ihnen zugewiesenen Standpunkt vertraut. Hierbei kann je nach Vorbereitung in der Analysephase und je nach Zuschnitt der Rollenkarten wie in unserer Beispielsequenz mit didaktisch konstruierten oder alternativ auch mit authentischen Positionen gearbeitet werden. Im letzteren Fall könnten dann bspw. die Berliner Schülervertreterin Eileen Hager, der Politiker Christian Lindner, die nordrhein-westfälische Schul- und Bildungsministerin Yvonne Gebauer und die Fridays for Future-Aktivistin Luisa Neubauer als Gäste in der Talkshow im Klassenraum auftreten.

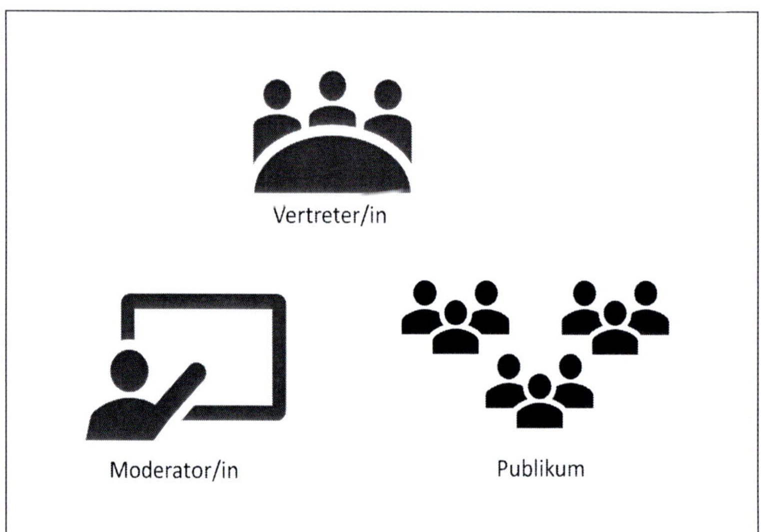


**Abb. 51: Anordnung der Diskutanten in der Talkshow. Eigene Darstellung.**

Wie in der Pro-Kontra-Debatte spiegelt die Sitzordnung die inhaltlichen Positionen wider: Vertreter:innen verwandter Positionen werden nebeneinander platziert, Vertreter:innen konträrer Auffassungen sitzen weit voneinander entfernt. Namensschilder, ggfs. auch einfache Requisiten (z.B. Jacket, Krawatte, Baseball-Kappe), markieren die Rollen und helfen den Lernenden sich in diese hinein zu versetzen. Die Struktur der Talkshow ähnelt der Pro-Contra-Debatte: Eröffnung durch die Moderation mit Vorstellung des Themas und der Gäste, Eingangsstatements der Gäste, Diskussion, Abschlussstatements der Gäste, Abmoderation. Genau wie in der Pro-Contra-Debatte ist die Gestaltung der Moderation entscheidend für den Erfolg der Methode. Sollte/n ein oder zwei Schüler:innen diese Rolle übernehmen, ist eine sorgfältige Auswahl der Besetzung als auch die gründliche inhaltliche Vorbereitung entscheidend. Ein Überblick über die inhaltlichen Positionen der Gäste und die Bereitstellung möglicher zentraler Fragen bieten dabei eine wichtige Unterstützung. Auch bei der Talkshow sind selbstverständlich methodische Varianten in Anpassung an die Lerngruppe möglich: So können bspw. auch die Rollen der Diskutierenden doppelt besetzt sein mit einer:m Hauptredner:in und einer:m Unterstützer:in oder das Publikum kann ein Fragerecht, ggfs. auch ein Mitdiskussionrecht erhalten und sich darüber in die Diskussion einmischen.

## Das Planspiel

Das Planspiel versetzt die Klasse in eine simulierte, aber politiktypische und grundlegende Entscheidungssituation, z. B. in die Stadtratssitzung zum Bau einer Umgehungsstraße. Es ermöglicht im Spiel den Nachvollzug inhaltlicher Positionen wesentlicher Akteure, z. B. der Bürgerinitiative *Keine Straße durchs Rieselfeld* und der Industrie- und Handelskammer – und fordert den Mitspielenden eine konkrete Entscheidung ab. So macht es die inhaltlichen Positionen gesellschaftlich-politischer Interessensgruppen deutlich, lässt im Spiel politische Entscheidungsprozesse und Systemmechanismen erkennbar und erfahrbar werden und fordert – anders als Pro-Contra-Debatte und Talkshow – zu einer konkreten Entscheidung heraus, die innerhalb der Spielsituation getroffen werden muss und nicht vertagt werden kann. So fordert das Planspiel neben dem Artikulieren und Argumentieren vor allem die Kompetenzfacetten des Verhandelns und Entscheidens innerhalb der politischen Handlungskompetenz (vgl. S. 43–44).

Planspiele bestehen stets aus einer Vorbereitungs-, einer Spiel- und einer Reflexionsphase und umfassen damit einen Zeitaufwand von mindestens drei Schulstunden. In der Vorbereitungsphase lernt die Klasse die für alle identische Szenariosituation kennen und erhält Zeit, sich anhand rollenspezifischer Informationen in eine bestimmte Rolle einzulesen und eine eigene Verhandlungsstrategie zu entwickeln. Die Spielphase startet mit Austauschphasen zwischen einzelnen Gruppen, bevor in der Entscheidungssituation alle Beteiligten ihre Standpunkte und Forderungen vorstellen, diese verhandeln und schließlich zu einem gemeinsamen Entschluss gelangen, über den abgestimmt wird. Die Reflexionsphase dient der zentralen Auswertung mit Rollendistanzierung, Bewertung des inhaltlichen Ergebnisses und des Spielablaufs sowie der Reflexion des Realitätsgehalts des Planspiels und des eigenen Lernertrags.

Das *Göttinger Institut für Demokratieforschung* stellt fertige kommunalpolitische bzw. EU-Planspiele auch für jüngere Schüler:innen zur Verfügung. Auch *planpolitik* und *EPIZ* erstellen und veröffentlichen Planspiele, die z.T. auch bereits für die Sekundarstufe I geeignet sind.

**Weiterführende Hinweise für die Lehrkraft:**

- Eine neue Straße für Felddorf? – Klasse 3 und 4 (https://www.lpb-bw.de/fileadmin/Abteilung_III/jugend/pdf/felddorf/pl_anleitung_felddorf.pdf)
- EU-Planspiele *Gesunde Ernährung*, *Tierschutz* und *Umweltschutz* – Klassen 3 bis 6 (http://pep.uni-goettingen.de/planspiele-download/).

https://www.planpolitik.de/, frei verfügbare Planspiele unter: https://www.planpolitik.de/wp-content/uploads/2020/06/2020_06_%C3%9Cbersicht-freiverf%C3%BCgbarer-Angebote-planpolitik.pdf

- EPIZ! Globales Lernen in Berlin, unter: https://www.epiz-berlin.de/publikationen
- https://www.bpb.de/lernen/digitale-bildung/werkstatt/344004/so-tun-als-ob-mit-politischen-planspielen-im-unterricht/

## Forschend-entdeckende Methoden – Umfrage, Expertenbefragung, Außerschulisches Lernen

Als forschend-entdeckende Methoden eignen sich für den frühen Politikunterricht vor allem die Umfrage, die Expertenbefragung und das Lernen an einem außerschulischen Lernort. Mit der Umfrage und der Expertenbefragung werden zwei grundlegende Methoden empirischer sozialwissenschaftliche Forschung – selbstverständlich in didaktisch reduzierter Weise – in den Politikunterricht integriert, die dem Prinzip der Wissenschaftsorientierung Rechnung tragen. Ihre Anwendung schult sowohl die Analyse- als auch die Methodenkompetenz und gibt einen exemplarischen Einblick in wissenschaftliche Erkenntnisweisen. Alle drei Methoden verwirklichen zudem die Prinzipien der Lebenswelt-, Schüler:innen- und Handlungs-Orientierung, indem sie den schulischen Lernraum zum außerschulischen Lebensraum der Schüler:innen hin öffnen und diese im hohen Maße aktivieren und zum selbstständigen Handeln anregen.

## Die Umfrage

Eine Umfrage greift eine aktuelle oder grundlegende politische Fragestellung auf und ist gut geeignet, um in der Einstiegsphase zum Thema der Unterrichtssequenz hinzuführen und den Lebensweltbezug der Fragestellung zu verdeutlichen. So regen Politiklehrbücher klassischer Weise zum Einstieg in eine Unterrichtssequenz zum Thema Medien eine Umfrage zur eigenen Mediennutzung innerhalb der Lerngruppe an. Diese ließe sich je nach Themenschwerpunkt beispielsweise auf einzelne Aspekte wie Datensicherheit, Cybermobbing, Hate Speech, Entlarvung von Fake News oder Formen digitaler Partizipation fokussieren. In vergleichbarer Form können Umfragen zum persönlichen Konsumverhalten zum Thema Nachhaltigkeit, zur Barrierefreiheit innerhalb der eigenen Schule zum Thema Inklusive Bildung oder zu den konkreten Mitgestaltungsmöglichkeiten an der eigenen Schule zum Thema Demokratische Schulgestaltung führen. Als Befragte kommen also zunächst die Mitschüler:innen der eigenen Klasse in Frage, aber auch ggfs. Schüler:innen der Parallelklassen, ferner je nach Thema auch der Freundeskreis, die Familie oder auch lokale außerschulische Gruppen, wie die Anwohner:innen einer Straße oder die Besucher:innen eines Jugendklubs.

Die Umfrage beginnt mit der Fragebogenerstellung, wird in der Durchführung weitergeführt und mündet in ihrer Auswertung. Da alle drei Schritte zeitintensiv und methodisch anspruchsvoll sind, bietet es sich an, die Methode bei jüngeren Schüler:innen schrittweise einzuführen. So könnten sie sich in einer ersten Umfrage auf die Durchführung beschränken, während die Lehrkraft die beiden anderen Schritte selber übernimmt. In einer zweiten Anwendung können die Lernenden dann neben der Durchführung entweder die Fragebogenerstellung oder die Ergebnisauswertung zusätzlich selber übernehmen. Erstellen die Lernenden den Fragebogen selbst setzt das inhaltliche und methodische Kenntnisse voraus, die zunächst vermittelt werden müssen. In diesem Fall kann die Umfrage also nicht am Anfang der Unterrichtssequenz platziert werden, sondern bildet die Handlungsphase der Sequenz (vgl. S. 103). Sollen die Schüler:innen alle drei Schritte einer Umfrage selbstständig bearbeiten, bietet sich die Arbeitsteilung innerhalb der Klasse und ggfs. auch fächerübergreifendes Arbeiten mit dem Deutsch-, Mathematik- oder Informatikunterricht an.

Da die Erstellung eines fachlich sinnvollen und gleichzeitig pragmatisch handhabbaren Fragebogens eine hohe methodische Fachexpertise voraussetzt, bietet es sich durchaus an, auch mit Fragen bereits bestehender Studien, bspw. der Shell-Studie, der JIM-Studie oder der World Vision Kinderstudie, zu arbeiten. Das GrafStat-Programm der Bundeszentrale für politische Bildung (https://www.bpb.de/lernen/angebote/grafstat/) stellt umfangreiches Material zu eigenen Umfragen zur Verfügung und unterstützt die Lerngruppen sowohl in der Fragebogenerstellung, der Auswertung der Ergebnisse als auch in der grafischen Darstellung dieser, richtet sich allerdings eher an ältere Schüler:innen.

## Die Expert:innenbefragung

In Expert:innenbefragungen interviewen Schüler:innen Personen, die entweder auf Grund ihrer fachlichen Expertise und/oder auf Grund ihres gesellschaftspolitischen Engagements zu einer bestimmten Fragestellung besonders gut, vertieft, direkt oder authentisch Informationen vermitteln können, die sich nicht oder nur schwer über Medien ermitteln lassen. So kann eine Aktivistin einer lokalen Bürgerinitiative oder das Mitglied eines Jugendparlaments zu ihrem Engagement, ihren inhaltlichen Standpunkten und ihren Strategien in der Lokalpolitik befragt werden. Ehrenamtlich tätige Jugendliche oder Erwachsene könnten zu Ihren Motiven, Zielen und Aktivitäten Auskunft geben. Auch Mitglieder von Vereinen, Verbänden, Gewerkschaften oder Parteien können interessante Interviewpartner:innen sein.

Die Expert:innenbefragung besteht ebenso wie die Umfrage aus dem Dreischritt Vorbereitung, Durchführung und Auswertung. In der Vorbereitung übernimmt bei jüngeren Lernenden die Lehrkraft die Auswahl der Expertin oder des Experten sowie die Kontaktaufnahme. Bei der Auswahl ist neben der fachlichen Expertise ebenso zu beachten und daher vorab in Erfahrung zu bringen, ob die eingeladene Person bereit und in der Lage ist, sich inhaltlich und sprachlich auf die Lerngruppe einzustellen. Um dies dem Gast zu ermöglichen gibt die Lehrkraft ihm oder ihr grundlegende Informationen zur Lerngruppe, zu ihrem Wissensstand und der Funktion der Befragung innerhalb des Unterrichtsvorhabens. In der Kontaktaufnahme ist es wichtig stets deutlich zu machen, dass die Expertin oder der Experte nicht zu einem Vortrag, einer Selbstdarstellung oder gar Werbeveranstaltung in eigener Sache eingeladen ist, sondern als Gesprächspartner:in und Informant:in von den Lernenden befragt wird, weshalb diese bzw. die Moderation die Struktur und den Ablauf der Befragung bestimmen und nicht der Gast. Die Aufgabe der Lernenden in der Vorbereitung ist – meist in Gruppenarbeit – die Formulierung der Fragen, ihre Bündelung und Gliederung. Vor der Durchführung muss auch der Ablauf des Interviews, die Moderation sowie die Form der Dokumentation in der Regel als Ergebnisprotokoll, seltener als Audio- oder Videoaufzeichung, für alle geklärt sein. Für die Dokumentation hat sich das arbeitsteilige Verfahren bewährt, dass jede Schüler:innen-Gruppe für die eigene(n) Frage(n) verantwortlich ist und bestimmt, welches Gruppenmitglied welche Frage stellt bzw. die jeweilige Antwort dokumentiert.

In der Durchführung begrüßt die Moderation – sei es die Lehrkraft oder seien es zwei Lernende selber – den Experten oder die Expertin, stellt diese:n vor, vergibt das Fragerecht und achtet auf eine funktionale Zeiteinteilung, sodass alle Gruppen ihre Fragen stellen können und ihnen dafür in etwa das selbe Zeitbudget zur Verfügung steht. Die Verabschiedung des Gastes beendet die Durchführung.

Eine kurze Feedbackrunde, die idealerweise unmittelbar nach dem Interview stattfinden sollte, eröffnet die Auswertung und ermöglicht spontane Rückmeldungen, sei es zu inhaltlichen Aussagen, zum Auftreten des Gastes oder zur Methode. Die Gruppen sichten dann die Dokumentation der Antworten ihrer Fragen und bereiten sie zur mediengestützten Präsentation in der Klasse auf, indem sie die Antworten auf ihren inhaltlichen Kern zusammenfassen. Den Gruppenpräsentationen im Plenum folgt Gruppendiskussion sowie abschließend die methodische Reflexion.

Die Expert:innenbefragung fördert vor allem die Methoden- sowie die politische Handlungskompetenz (vgl. S. 44), wobei die Formulierung der Fragen in der Vorbereitungsphase in ihrem Anspruch und damit in der Notwendigkeit der methodischen Stützung seitens der Lehrkraft nicht zu unterschätzen ist. Die Befragung ist in der Handlungsphase der Unterrichtssequenz zu platzieren, da sie einerseits der inhaltlichen und methodischen Vorbereitung und ebenso der Auswertung und Reflexion bedarf. Selbstverständlich sollte sie stets funktional in das Thema und den Aufbau der Unterrichtssequenz eingebunden sein und nicht einem methodischen Selbstzweck dienen. Gibt die Expertin oder der Experte vor allem deskriptive Informationen so leistet die Befragung einen Beitrag zur Informationsphase, ist der Gast stärker als Vertreter:in *einer* Perspektive auf eine politische Fragestellung eingeladen, dann ist die Befragung Teil der Analysephase. In diesem Fall ist im Sinne des Kontroversitätsgebotes (vgl. S. 47) unbedingt darauf zu achten, dass neben der Perspektive des Gastes weitere andere Perspektiven innerhalb der Analysephase erarbeitet werden.

Neben der Förderung der fachspezifischen Kompetenzen besteht der Wert der Expert:innenbefragung aber auch in ihrer *Botschaft*: Sie hebt die Trennung von Schule und außerschulischer Lebenswirklichkeit auf und verdeutlicht damit bereits in ihrer Anlage, das schulische politische Bildung nicht schwerpunktmäßig für Lehrpläne oder Prüfungen erfolgt, sondern vor allem in Bezug auf die gesellschaftlich-politische Realität stattfindet, zu ihrem Verständnis beiträgt und für die Partizipation in ihr wirbt.

### Außerschulisches Lernen

Auch das Lernen an außerschulischen Lernorten holt den Politikunterricht heraus aus dem Klassenzimmer. Für die politische Bildung interessante außerschulische Lernorte können bereits didaktisiert sein und schulbezogene Programme anbieten, wie das in Bildungsinitiativen, Museen, Gedenkstätten, Parlamenten oder in Kinder- und Jugendtheatern der Fall ist. So ermöglichen bspw. in Berlin – dem Lebens- und Arbeitsraum der Autorin – zahlreiche Träger politische Workshops, häufig in Verbindung mit historischem Lernen, wie z.B. elf Bildungsträger, die sich im Netzwerk *Geschichte in Bewegung* zusammengeschlossen haben und kombinierte, mehrtägige Programme ab Jahrgangsstufe 5 zum Themenspektrum NS-Zeit, Erinnerungspolitik, Demokratieverständnis und Vielfalt anbieten. Auch Landesparlamente in den Landeshauptstädten öffnen sich häufig auch schon für junge Lernende, so das Abgeordnetenhaus in Berlin oder der Landtag Brandenburg in Potsdam. Kinder- und Jugendtheater greifen regelmäßig politische Themen auf, wie z.B. das Berliner *Atze Musiktheater* mit den Theaterstücken *No planet B (*zu den Themen Klimakrise und Generationengerechtigkeit), *Die Ministerpräsidentin* (zur Frage der Mitbestimmungsrechte Jugendlicher in der Politik) oder *Malala* (zu den Themen Kinderrechte und Politischer Extremismus) und das Grips-Theater mit den Theaterstücken *Aus die Maus* (zum Thema Obdachlosigkeit), *Himmel, Erde, Luft und Meer* (zum Thema Nachhaltigkeit) oder *Kai zieht in den Krieg und kommt mit Opa zurück* (zum Thema Krieg und Frieden).

Während sich didaktisierter Lernorte meist in (großen) Städten finden, sind nicht didaktisierte Lernorte auch im ländlichen Raum auffindbar, wie z.B. die Orts- oder Stadtteilerkundung auf der Suche nach Orten für Kinder und Jugendliche, die Erkundung lokaler zivilgesellschaftlicher Initiativen (z.B. in der Geflüchteten-Hilfe, der Obdachlosen-Hilfe oder der Tafel e.V.) oder die Teilnahme an öffentlichen Gemeinderats- oder Ausschusssitzungen auf kommunalpolitischer Ebene.

Da die inhaltlichen Bezüge und die methodischen Zugänge außerschulischer Lernorte sehr vielfältig sind, ist eine pauschale Kompetenz- und Unterrichtsphasenzuordnung unmöglich. Je nach Angebot des didaktisierten Lernortes bzw. dem Format des nicht didaktisierten Lernortes sind grundsätzlich alle politischen Kompetenzen schulbar. Der Besuch oder die Erkundung eines außerschulischen Lernortes erfüllt je nach Verortung innerhalb der Unterrichtssequenz eine je spezifische Funktion: In der Einstiegsphase führt der Lernort zum Thema hin, macht neugierig, motiviert und wirft Fragen auf, muss dann aber so niedrigschwellig gestaltet sein, dass er auch ohne Vorwissen erfassbar ist. Ermöglicht der Lernort die Aufnahme von konzeptuellem Deutungswissen kann sein Besuch sinnvolles Element der Informationsphase sein. Ist ein vertieftes Erschließen verschiedener Perspektiven am Lernort möglich, so kann er in die Analysephase integriert werden.

Auch der Besuch eines außerschulischen Lernortes oder die Erkundung eines solchen folgt dem bekannten methodischen Dreischritt aus Vorbereitung, Durchführung und Nachbereitung und ist dann umso ertragreicher, je didaktisch reflektierter und gründlicher diese Schritte geschehen.

**Weiterführende Hinweise für die Lehrkraft:**

- https://www.geschichte-in-bewegung.de

- https://www.parlament-berlin.de/deinagh/fuer-paedagogen
- https://www.landtag.brandenburg.de/de/landtag_kennenlernen/jugend_und_politik/bildungsangebote_im_landtag/25229

## Die Zukunftswerkstatt

Als weitere für die politische Bildung typische Makromethode, die auch für jüngere Lernende geeignet ist, soll zum Abschluss die Zukunftswerkstatt vorgestellt werden. Sie ermöglicht es den Lernenden, in der Kritikphase Kritik an bestehenden Zuständen zu formulieren, in der Fantasiephase Lösungsentwürfe zur Verbesserung eines der genannten Probleme zu entwerfen und in der Verwirklichungsphase einen ausgewählten Lösungsansatz tatsächlich zu realisieren. Dabei verknüpft sie bewusst rational-analytische und intuitiv-emotionale Arbeitsphasen miteinander, vor allem wenn in der Fantasiephase auch Musik, Fantasiereisen oder Entspannungstechniken den Entwurf einer Utopie befördern, diese keinerlei realer, bspw. finanzieller oder technischer Beschränkungen unterliegt und sie auch in Bildern, Geschichten, Liedern oder als Pantomime dargestellt werden kann.

Entstanden in den 1970er und 1980er Jahren im Rahmen sozialer Bewegungen nimmt die Zukunftswerkstatt die Gestaltung der Zukunft in den Blick und macht sie zur Aufgabe aller Interessierten, egal ob Laie oder Expertin. Sie versteht sich also selber als Demokratisierungsinstrument, will sie doch Menschen in Entscheidungsprozesse einbeziehen und sie zur Partizipation ermutigen. So schult die Methode neben der Methodenkompetenz vor allem die politische Handlungskompetenz und ist bei der Ausgestaltung einer demokratischen Schulstruktur im Sinne der Demokratiebildung (vgl. S. 32–38) ein geeignetes Instrument. Dabei wird sie in ihrem partizipativen und aktivierenden Charakter den politikdidaktischen Prinzipien des Lebensweltbezuges, der Schüler:innen-, Handlungs- und Problemorientierung gerecht (vgl. S. 59–64).

Da alle Phasen der Zukunftswerkstatt idealerweise ohne zeitliche Unterbrechung nacheinander durchgeführt werden sollten, sprengt die Methode die klassische schulische Stundentaktung und eignet sich daher vor allem für eine Projektwoche oder eine Arbeitsgemeinschaft die unterrichtsbegleitend über einen längeren Zeitraum an der Verwirklichung eigener Ideen arbeiten kann.

Thematisch ist eine Zukunftswerkstatt im Schulkontext aber nur dann tatsächlich als Unterrichtsmethode zu empfehlen, wenn die Schüler:innen auch tatsächlich reale Gestaltungsmöglichkeiten besitzen. So eignet sich die Methode vor allem in Bezug auf den Nahraum Schule – z.B. bei der Gestaltung des Klassenraums, des Schulraums oder des Schulprogramms – allerdings auch nur dann, wenn die Schule den Lernenden in diesen Fragen echten Entscheidungs- und Gestaltungsspielraum zugesteht. Das Projekt *Schüler:innen-Haushalt* bspw. verwirklicht genau diese Voraussetzungen, wenn es Schüler:innen ein eigenes Budget zur selbstbestimmten Gestaltung der Schule überlässt und ihnen damit tatsächlich die partizipative Umsetzung eigener Ideen ermöglicht. Die *Servicestelle Jugendbeteiligung* unterstützt interessierte Schulen bei der Realisierung. Auch die Zukunftswerkstatt *Kinderfreundliche Schule* des *Deutschen Kinderhilfswerkes* wählt den schulischen Nahraum als Thema. Politische Themen in einer schulischen Zukunftswerkstatt zu bearbeiten, deren Lösung Lernende nicht selber umsetzen, sondern nur mittelbar fordern oder anstoßen können, eignen sich weniger zur Bearbeitung, da im ungünstigsten Fall dann statt der beabsichtigen Gestaltungskompetenz und Zukunftsfähigkeit möglicherweise eher Frustrations- und Ohnmachtserfahrungen befördert werden.

**Weiterführende Hinweise für die Lehrkraft:**

- https://www.servicestelle-jugendbeteiligung.de/projekt/schuelerinnenhaushalt/
- https://www.baeke.net/wp-content/uploads/2021/11/ZKW_Grundschule-an-der-Baeke.pdf
- https://shop.dkhw.de/de/kinderpolitik-artikel/25-zukunftswerkstatt-kinderfreundliche-schule.html

## Mystery-Methode

Abschließend sei noch kurz auf die Mystery-Methode verwiesen, die vernetztes Denken und kooperatives Handeln fördert und zugleich durch ihren spielerisch-verrätselten Charakter motiviert. In der Mystery-Methode erhalten die Schüler:innen zu einem, in eine Geschichte eingebeteten Fallbeispiel und einer zugehörigen Leitfrage zahlreiche unsortierte Informationskarten, welche sie in Gruppenarbeit in einer selbst entwickelten Ordnungsstruktur anordnen und damit die Leitfrage beantworten, also den Fall lösen sollen. Die Mystery-Methode gliedert sich dabei in vier Schritte: Der methodischen Einführung in die Arbeitsweise seitens der Lehrkraft (1.) und der selbstständigen Gruppenarbeit (2.) folgt die Ergebnispräsentation im Plenum (3.), in der die Gruppen ihre jeweiligen Lösungen – meist in Form einer Grafik – vorstellen und erläutern. In der abschließenden metakognitiven Reflexion (4.) reflektieren die Lernenden individuell oder gemeinsam ihr Vorgehen, ihre Lösung, ihre Urteilskriterien sowie ihren fachlichen und methodischen Lernfortschritt. Der Zeitbedarf für die Durchführung der Methode beträgt je nach Umfang 45 bis 90 Minuten.

Das Material eines Mysterys besteht stets aus einer einleitenden Geschichte, einer Leitfrage, den Informationskarten und Kontextmaterialien, wie Fotos, Karten, Grafiken oder Statistiken. Die Informationskarten geben Auskunft über Personen, machen den Erzählstrang deutlich, geben neben den wesentlichen Informationen bewusst aber auch nebensächliche, widersprüchliche oder z.T. auch irrelevante Informationen. Damit fordern sie die Lernenden heraus, zwischen Wichtigem und Unwichtigem zu unterscheiden, Informationen zu gewichten und zu hierarchisieren und eine mehr oder weniger differenzierte Argumentation zu entwerfen. Zur Beantwortung der Leitfrage und damit zur Lösung des Falls müssen die Lernenden die Informationskarten verstehen, nach ihrer Bedeutsamkeit gewichten, gruppieren, strukturieren und miteinander in Beziehung setzen.

So fördert die Methode einerseits den Erwerb von konzeptuellem Deutungswissen, andererseits aber auch die Methodenkompetenz. Da es in der Regel nicht nur eine *richtige* Lösung, sondern mehrere mögliche Lösungen und entsprechend verschiedene mögliche Lösungswege gibt, wird v.a. die Entwicklung von Hypothesen zur Falllösung und deren argumentative Begründung, aber auch der konstruktive Umgang mit Unsicherheiten gefördert. Die Methode stärkt zudem die Kommunikationskompetenz, da nur mittels ausgeprägter Kommunikation der Fall kooperativ gelöst werden kann, bevor im Anschluss die jeweilige Lösung den Mitlernenden vorgestellt wird.

Im Einstieg einer Unterrichtssequenz ist die Methode als Hinführung zum Thema und als Aktivierung des Vorwissens geeignet, in der Informationsphase zum Erwerb von Fachwissen oder zu seiner Festigung und Vertiefung durch die Anwendung des bereits Gelernten auf einen konkreten Fall.

Das schweizerische Portal *éducation21* stellt bereits fertige Mysterys zu Themen der Bildung für nachhaltige Entwicklung auch für die Klassen 5 bis7 kostenlos zur Verfügung und gibt in seinem *Leitfaden Mysterys* zudem Hinweise zur Erstellung eigener Mysterys (https://www.education21.ch/de/mysterys-d). Zudem entwerfen Kaufhold (2020) *Mysterys für den Politikunterricht 5–10* und Stich (2021) *Escape-Rooms für den Politikunterricht 5–10.*

**Weiterführende Literaturhinweise für die Lehrkraft:**

- Achour u.a. (2020): Methodentraining für den Politikunterricht
- Beyer (2019): 55 Methoden Politik
- Scholz (2020): Methoden-Kiste
- Politik & Unterricht (2015, 1–2): Methoden im Politikunterricht

- Müller/Noirjean (2009): Lernerfolg ist lernbar, 22x33 handfeste Möglichkeiten, Freude am Verstehen zu kriegen
- Landesinstitut für Schule NRW (2018): Methodensammlung
- Studtmann (2017): Außerschulisches Lernen im Politikunterricht
- Witt (2012): Methodisch fit in Geschichte, Politik und Erdkunde. Materialien für den gesellschaftswissenschaftlichen Anfangsunterricht

# Literatur


**ABENDSCHÖN,** Simone (2010): Die Anfänge demokratischer Bürgerschaft. Sozialisation politischer und demokratischer Werte und Normen im jungen Kindesalter. Baden-Baden.

**ABENDSCHÖN,** Simone (2020): Das Verhältnis von Jugendlichen zur Politik am Beispiel von Fridays for Future. In: Demokratie gegen Menschenfeindlichkeit. Zeitschrift für Wissenschaft und Praxis 1/2020, S. 16–29.

**ABS,** Hermann Josef/Hahn-Laudenberg, Katrin (Hg.) (2017): Das politische Mindset von 14-Jährigen. Ergebnisse der International CivicandCitizenship Education Study 2017. Münster.

**ACHOUR,** Sabine (2021): Wochenschau-Sonderheft: Demokratiebildung. Frankfurt/M.

**ACHOUR,** Sabine/Frech, Siegfried/Massing, Peter/Strassner, Veit (Hg.) (2020a): Methodentraining für den Politikunterricht. Frankfurt/M.

**ACHOUR,** Sabine/Busch, Matthias/Massing, Peter/Meyer-Heidemann, Christian (Hg.) (2020b): Wörterbuch Politikunterricht. Frankfurt/M.

**ACHOUR,** Sabine (2020): Politische Bildung als Unterrichts- und Schulprinzip In: Achour, Sabine/ Busch, Matthias/Massing, Peter/Meyer-Heidemann, Christian (Hg.): Wörterbuch Politikunterricht, Wochenschau Verlag. Frankfurt/M., S. 176–179.

**ACKERMANN,** Paul/Breit, Gotthard/Cremer, Will/Massing, Peter/Weinbrenner, Peter (Hg.) (2010): Politikdidaktik kurzgefasst. 13 Planungsfragen für den Politikunterricht. Schwalbach/ Ts.

**ANDRESEN,** Sabine/Çınar, Dilan/Kuhn, Melanie/Neumann, Sascha/Pupert, Monika Schneekloth, Ulrich/Wolfert, Sabine (Hg.) (2018): Kinder in Deutschland 2018. 4. World Vision Kinderstudie, Beltz. Weinheim.

**ARKONA,** Malte/Surrey, Detlef/Zipse, Katharina (2009): Warum haben wir keinen König? So funktioniert unsere Demokratie. Freiburg.

**AUTORENGRUPPE FACHDIDAKTIK** (2016): Was ist gute politische Bildung? Leitfaden für den sozialwissenschaftlichen Unterricht. Schwalbach/Ts.

**AVERESCH,** Patricia/Beer, Joshua (2019): Schüler fürs Klima „Friss Tofu, du Würstchen". Online verfügbar unter: https://www.faz.net/aktuell/politik/inland/was-am-schuelerstreik-fridays-for-future-ungewoehnlich-ist-16043259.html (23.6.22).

**BECK,** Ulrich / Hajer, Maarten A. / Kesselring, Sven (1999) (Hg.): Der unscharfe Ort der Politik. Empirische Fallstudien zur Theorie der reflexiven Modernisierung. Opladen.

**BELWE,** Katharina (2005): Editorial. In: Sozialisation von Kindern. In: Aus Politik und Zeitgeschehen, APuZ 41/2005, o.S.

**DEUTSCHE PRESSE AGENTUR** (2019): Bildungssenatorin sieht Schüler-Demo „mit Sympathie". Online verfügbar unter: http://web.archive.org/web/20200223131256/https://www.morgenpost.de/berlin/article216291257/Bildungssenatorin-sieht-Schueler-Demo-mit-Sympathie.html (23.6.22).

**BEUTEL,** Wolfgang/Gloe, Markus/Himmelmann, Gerhard/Lange, Dirk/Reinhardt, Volker/Seifert, Anne (2022): Handbuch Demokratiepädagogik. Frankfurt/M.

**BEYER,** Philipp (2019): 55 Methoden Politik. Augsburg.

**BUSCH,** Matthias (2020): Wissenschaftsorientierung. In: Achour, Sabine/Busch, Matthias/Massing, Peter/Meyer-Heidemann, Christian (Hg.): Wörterbuch Politikunterricht, Wochenschau Verlag. Frankfurt/M., S. 238–240.

**BUNDESMINISTERIUM FÜR FAMILIE, SENIOREN, FRAUEN UND JUGEND (BMFSFJ)** (2020): 16. Kinder- und Jugendbericht. Förderung demokratischer Bildung im Kindes- und Jugendalter, Drucksache des Deutschen Bundestages. Berlin.

**BUNDESVERFASSUNGSGERICHT** (2021): Leitsätze zum Beschluss des Ersten Senats vom 24.3.2021.Online verfügbar unter: https://www.bundesverfassungsgericht.de/SharedDocs/Entscheidungen/DE/2021/03/rs20210324_1bvr265618.html (23.6.22).

**BUNDESZENTRALE FÜR POLITISCHE BILDUNG** (2020): Politik für Einsteiger. Bonn. Online verfügbar unter: https://www.bpb.de/shop/materialien/thema-im-unterricht/36917/politik-fuer-einsteiger/ (23.6.22).

**BUNDESZENTRALE FÜR POLITISCHE BILDUNG** (2019): Logbuch Politik. Bonn. Online verfügbar unter: https://www.bpb.de/shop/materialien/thema-im-unterricht/173758/logbuch-politik/ (23.6.22).

**BRÜGELMANN,** Hans (2020): Grundschule als demokratischer Lern- und Lebensraum. München.

**CIESINGER,** Ruth / Reçber, Sinan (2022): 3,6 Milliarden Menschen schon heute hochgradig gefährdet. In: Tagesspiegel Blog 28.2.2022. Online verfügbar unter: https://www.tagesspiegel.de/wissen/ipcc-bericht-2022-zur-klimakrise-3-6-milliarden-menschen-schon-heute-hochgradig-gefaehrdet/28113098.html (23.6.22).

**CM/REC** (2010): Europarats-Charta zur Politische Bildung und Menschenrechtsbildung. Online verfügbar unter: https://www.coe.int/en/web/edc/charter-on-education-for-democratic-citizenship-and-human-rights-education (23.6.22).

**DEIN SPIEGEL** (seit 2009), Nachrichtenmagazin für Kinder. Hamburg.

**DETJEN,** Joachim / Massing, Peter / Richter, Dagmar / Weißeno, Georg (2012): Politikkompetenz – ein Modell. Wiesbaden.

**DEUTSCHER LEHRERVERBAND** (2019): Stellungnahme vom 18.3.2019. Online verfügbar unter: https://www.lehrerverband.de/fridays-for-future-vormittagsdemos/ (23.6.22).

**DK VERLAG** (Hg.) (2010): Wer ist Chef im Staat? So funktioniert Politik! München.

**DPA** (2019): Bildungssenatorin sieht Schüler-Demo „mit Sympathie", 25.1.2019. Online verfügbar unter: http://web.archive.org/web/20200223131256/https://www.morgenpost.de/berlin/article216291257/Bildungssenatorin-sieht-Schueler-Demo-mit-Sympathie.html (23.6.22).

**DURAND,** Judith/Winklhofer, Ursula (2018): Spielraum für Partizipation. In: DJI Impulse, 01/2018, S. 22–26. Online verfügbar unter: https://www.dji.de/fileadmin/user_upload/bulletin/d_bull_d/bull119_d/DJI_Impulse119_PolitischeBildung.pdf (23.6.22).

**EBERLEIN,** Noemi/Durand, Judith/Birnbacher, Leonhard (2021): Bildung und Demokratie mit den Jüngsten. Weinheim.

**ECK,** Janine (2019): 100 Dinge, die du für die Erde tun kannst. Köln.

**EICHHOLZ,** Reinald/Schröder, Richard (2002): Kinder und Politik. In: LBS-Initiative Junge Familie (Hg.): Kindheit 2001 – Das LBS-Kinderbarometer. Wiesbaden, S. 71–98.

**FRANKFURTER ERKLÄRUNG FÜR EINE KRITISCH-EMANZIPATORISCHE POLITISCHE BILDUNG** (2015). In: Journal für politische Bildung 2015, H.4, S. 94–96. Online verfügbar unter: https://akg-online.org/sites/default/files/frankfurter_erklaerung.pdf (23.6.22).

**FRECH,** Siegfried/Massing, Peter (2020): Politik als Kern des Politikunterrichts und die Bedeutung von Politikbegriffen. In: Achour, Sabine/Frech, Siegfried/Massing, Peter/Strassner, Veit (Hg.): Methodentraining für den Politikunterricht. Frankfurt/M., S. 16–20.

**FRECH,** Siegfried (2020): Grundlegende Methoden der Einstiegsphase. In: Achour, Sabine/Frech, Siegfried/Massing, Peter/Strassner, Veit (Hg.): Methodentraining für den Politikunterricht. Frankfurt/M., S. 53–72.

**FRIDAYS FOR FUTURE** (o.J.): Wir sind Fridays For Future. Online verfügbar unter: https://fridaysforfuture.de/ (22.6.2022).

**FRITH,** Alex/Hore, Rosie/Stowell, Louie (2019): Weltpolitik einfach verstehen. London.

**FORWERGK,** Nicola (2022): Das Schulfach Geschichte – eine Bestandsaufnahme. In: Geschichte für heute. Zeitschrift für historisch-politische Bildung, 1 (2022). Frankfurt/M., S. 17–30.

**GAUTSCHI,** Peter (2019): Lehrer/-innenbildung für das Integrationsfach „Gesellschaftswissenschaften" – Impulse, Kernideen, Perspektiven. In: Zeitschrift für Didaktik der Gesellschaftswissenschaften, 10 (2019). Frankfurt/M., S. 43–74.

**GDSU (GESELLSCHAFT FÜR DIDAKTIK DES SACHUNTERRICHTS)** (2013): Perspektivrahmen Sachunterricht. Bad Heilbrunn.

**GERMANWATCH** (2019): Fridays for Future. Online verfügbar unter: https://germanwatch.org/de/16348 (22.6.2022).

**GEW (GEWERKSCHAFT ERZIEHUNG UND WISSENSCHAFT)** (2019): Streiken fürs Klima. Online verfügbar unter: https://www.gew.de/aktuelles/detailseite/streiken-fuers-klima/ (22.6.2022).

**GEW (GEWERKSCHAFT ERZIEHUNG UND WISSENSCHAFT)** (2021): GEW unterstützt Fridays for Future. Online verfügbar unter: https://www.gew-bw.de/presse/detailseite/bildung-fuer-nachhaltige-entwicklung-gehoert-zum-bildungsauftrag (22.6.2022).

**GILLE,** Martina (2016): Das Verhältnis junger Menschen zur Politik – Politisches Interesse und weitere Aspekte politischer Involvierung bei Jugendlichen und jungen Erwachsenen. In: Gaiser, Wolfgang/Hanke, Stefanie/Ott, Kerstin (Hg.): *Jung – politisch – aktiv?! Politische Einstellungen und politisches Engagement junger Menschen. Ergebnisse der FES-Jugendstudie 2015.* Bonn, S. 32–49.

**GOLL,** Eva-Maria (2020): Politische Bildung in der Grundschule. In: Achour, Sabine/Busch, Matthias/Massing, Peter/Meyer-Heidemann, Christian: Wörterbuch Politikunterricht. Frankfurt/M., S. 179–181.

**GOLL,** Thomas (2022): Problemorientierung. In: Sander, Wolfgang/Pohl, Kerstin (Hg.): Handbuch Politische Bildung. Frankfurt/M., S 223–230.

**GÖKBUDAK,** Mahir/Hedtke, Reinhold (2019): Ranking Politische Bildung 2018. Politische Bildung an allgemeinbildenden Schulen der Sekundarstufe I im Bundesländervergleich. Working Papers (9) Bielefeld: Fakultät für Soziologie, Didaktik der Sozialwissenschaften. Online verfügbar unter: https://pub.uni-bielefeld.de/record/2934293. (22.6.2022).

**GÖTZMANN,** Anke (2007): Naive Theorien zur Politik – Lernpsychologische Forschungen zum Wissen von Grundschülerinnen und -schülern. In: Richter, Dagmar (Hg.): Politische Bildung von Anfang an. Demokratie-Lernen in der Grundschule. Schwalbach/Ts., S. 73–88.

**GÖTZMANN,** Anke (2015): Entwicklung politischen Wissens in der Grundschule. Wiesbaden.

**GPJE (GESELLSCHAFT FÜR POLITIKDIDAKTIK UND POLITISCHE JUGEND- UND ERWACHSENENBILDUNG)** (2004): Nationale Bildungsstandards für den Fachunterricht in der Politischen Bildung an Schulen. Ein Entwurf. Schwalbach/Ts.

**GPJE (GESELLSCHAFT FÜR POLITIKDIDAKTIK UND POLITISCHE JUGEND- UND ERWACHSENENBILDUNG)/DVPB/DVPW-SEKTION** (2018): Gemeinsame Stellungnahme von GPJE, DVPB und DVPB-Sektion zur AfD-Meldeplattform „Neutrale Schule“. Online verfügbar unter: http://gpje.de/wp-content/uploads/2018/10/Stellungnahme_Meldeplattform_GPJE_DVPB_DVPW-Sektion_101813595.pdf. (22.6.2022).

**GRAMMES,** Tilman (2014): Kontroversität. In: Sander, Wolfgang (Hg.): Handbuch politische Bildung. Schwalbach/Ts., S. 266–274.

**GREVEN,** Michael Th. (2009): Die politische Gesellschaft. Wiesbaden.

**GRUNDGESETZ** (1949) [2020]. unter https://www.bundestag.de/gg

**HAMEISTER,** Ilka/May, Michael/Moritz, Benjamin (2020): Kompetenzmodelle. In: Achour, Sabine/Busch, Matthias/Massing, Peter/Meyer-Heidemann, Christian (Hg.): Wörterbuch Politikunterricht. Frankfurt/M., S. 128–130.

**HANKELE,** Madeleine (2015): Methoden im Politikunterricht, Politik & Unterricht 1/2 – 2015. Online verfügbar unter: https://www.politikundunterricht.de/1_2_15/methoden.pdf (22.6.2022).

**HANSEN,** Rüdiger/Knauer, Raingard (2017): Die Kinderstube der Demokratie. In: Richter, Elisabeth/Lehmann, Teresa/Sturzenhecker, Benedikt (Hg.): So machen Kitas Demokratiebildung: Empirische Erkenntnisse zur Umsetzung des Konzepts „Die Kinderstube der Demokratie“. Weinheim.

**HARRIS,** Judith R. (1998): The Nurture Assumption: Why Children Turn Out the Way they Do. The Free Press. New York.

**HEDTKE,** Reinhold (2020): Zu spät und kurz: Studie zum Status der Politischen Bildung in der Sekundarstufe I. Online verfügbar unter: https://aktuelles.uni-frankfurt.de/forschung/zu-spaet-und-kurz-studie-zum-status-der-politischen-bildung-in-sekundarstufe-i/ (22.6.2022).

**HENKENBORG,** Peter (2014): Politische Bildung als Schulprinzip. In: Sander, Wolfgang (Hg.): Handbuch Politische Bildung. Schwalbach/Ts., S. 212–221.

**HIMMELMANN,** Gerhard (2002): Demokratie-Lernen als Lebens-, Gesellschafts- und Herrschaftsform. In: Demokratie-Lernen als Aufgabe der politischen Bildung. Schwalbach/Ts., S. 31–39.

**HIMMELMANN,** Gerhard (2007): Demokratie Lernen als Lebens-, Gesellschafts- und Herrschaftsform. Schwalbach/Ts.

**HURRELMANN,** Klaus/Bauer, Ullrich (2020): Einführung in die Sozialisationstheorie. Weinheim.

**HURRELMANN,** Klaus (2002): Einführung in die Sozialisationstheorie. Weinheim/Basel.

**IPPC (INTERGOVERNMENTAL PANEL ON CLIMATE CHANGE)** (2021): Sixth Assessment Report (AR6). Online unter https://www.ipcc.ch/assessment-report/ar6/ (22.6.2022).

**JUCHLER,** Ingo (2022): Wissenschaftsorientierung. In: Sander, Wolfgang/Pohl, Kerstin: Handbuch Politische Bildung, Frankfurt/M., S. 260–268.

**KENNER,** Steve/Lange, Dirk (Hg.) (2018): Citizenship Education. Konzepte, Anregungen und Ideen zur Demokratiebildung, Frankfurt/M.

**KUTTER,** Kaja (2018): Lehrer dürfen nicht neutral sein. In: TAZ Nord, 2.10.2018. Online verfügbar unter: https://taz.de/Ex-Referatsleiter-ueber-politische-Bildung/!5538920/ (23.6.22).

**MEDIENPÄDAGOGISCHER FORSCHUNGSVERBUND SÜDWEST** (2018): KIM-Studie. Kindheit, Internet und Medien. Basisuntersuchung zum Medienumgang 6- bis 13-Jähriger. Online verfügbar unter: https://www.mpfs.de/fileadmin/files/Studien/KIM/2018/KIM-Studie_2018_web.pdf (27.6.22).

**BUNDESMINISTERIUM FÜR UMWELT, NATURSCHUTZ UND NUKLEARE SICHERHEIT** (2021): Lesefassung des Bundes-Klimaschutzgesetzes 2021. Online verfügbar unter: https://www.bmu.de/fileadmin/Daten_BMU/Download_PDF/Klimaschutz/ksg_aendg_2021_3_bf.pdf (27.6.22).

**KLIPPERT,** Heinz (1991): Handlungsorientierter Politikunterricht. In: Bundeszentrale für politische Bildung (Hg.): Methoden in der politischen Bildung – Handlungsorientierung. Bonn, S. 9–30.

**KOOS,** Sebastian/Lauth, Franziska (2020): Die gesellschaftliche Unterstützung von Fridays For Future. In: Haunss, Sebastian/Sommer, Moritz (Hg.): Fridays for Future – Die Jugend gegen den Klimawandel, Konturen der weltweiten Protestbewegung. Bielefeld, S. 205–225.

**KORFKAMP,** Jens/Steuten, Ulrich (2020): Fridays for Future oder die Faszination des Unterkomplexen. In: Journal für politische Bildung, 3/2020, Frankfurt/M., S. 74–76.

**KOST,** Andreas/Massing, Peter/Reiser, Marion (Hg.) (2020): Handbuch Demokratie. Frankfurt/M.

**KMK (KULTUSMINISTERKONFERENZ)** (1973): Beschluss „Zur Stellung der Schülers in der Schule“ vom 25.5.1973. Online verfügbar unter: https://www.kmk.org/fileadmin/Dateien/veroeffentlichungen_beschluesse/1973/1973_05_25_Stellung_Schueler.pdf (27.6.22).

**KMK (KULTUSMINISTERKONFERENZ)** (2018): Demokratie als Ziel, Gegenstand und Praxis historisch-politischer Bildung und Erziehung in der Schule. Online verfügbar unter: https://www.kmk.org/fileadmin/Dateien/pdf/PresseUndAktuelles/2018/Beschluss_Demokratieerziehung.pdf (27.6.22).

**LANDESINSTITUT FÜR SCHULE NRW** (2018): Methodensammlung. Online verfügbar unter: https://www.schulentwicklung.nrw.de/cms/methodensammlung/methodensammlung/index.html/ (27.6.22).

**LISUM (LANDESINSTITUT FÜR SCHULE UND MEDIEN BERLIN-BRANDENBURG)** (2015a): Rahmenlehrplan Jahrgangsstufen 1–10. Teil C Gesellschaftswissenschaften Jahrgangsstufen 5/6. Berlin/Potsdam: Senatsverwaltung für Bildung, Jugend und Wissenschaft Berlin; Ministerium für Bildung, Jugend und Sport des Landes Brandenburg.

**LISUM (LANDESINSTITUT FÜR SCHULE UND MEDIEN BERLIN-BRANDENBURG)** (2015b): Rahmenlehrplan Jahrgangsstufen 1–10. Teil B Fächerübergreifende Kompetenzentwicklung C. Berlin/Potsdam: Senatsverwaltung für Bildung, Jugend und Wissenschaft Berlin; Ministerium für Bildung, Jugend und Sport des Landes Brandenburg.

**LANDESZENTRALE FÜR POLITISCHE BILDUNG BADEN-WÜRTTEMBERG** (2020): Voll in Ordnung – unsere Grundrechte, Grundrechtefibel. Freiburg. Online verfügbar unter: http://www.grundrechte-fibel.de/ (27.6.22).

**LEVENSON,** Eleanor/Boston, Paul (2021): Politik. Hamburg.

**MASSING,** Peter (2003): Kategoriale politische Urteilsbildung. In: Kuhn, Hans-Werner (Hg.): Urteilsbildung im Politikunterricht. Schwalbach/Ts., S. 91–108.

**MASSING,** Peter (2012): Die vier Dimensionen der Politikkompetenz. In: APuZ, H. 46–47, Bonn, S. 23–29. Online verfügbar unter: https://www.bpb.de/apuz/148216/die-vier-dimensionen-der-politikkompetenz (27.6.22).

**MASSING,** Peter (2020): Kompetenzorientierung im Politikunterricht. In: Achour, Sabine/Frech, Siegfried/Massing, Peter/Strassner, Veit (Hg.): Methodentraining für den Politikunterricht. Frankfurt/M.

**MASSING,** Peter (2021): Politische Bildung in der Bundesrepublik. Frankfurt/M.

**MEYER,** Thomas (2010): Was ist Politik? Wiesbaden.

**MSB NRW (MINISTERIUM FÜR SCHULE UND BILDUNG DES LANDES NORDRHEIN-WESTFALEN** (2019): Teilnahme von Schülerinnen und Schülern an Streiks und Demonstrationen während der Unterrichtszeit. Online verfügbar unter: https://www.schulministerium nrw/13022019-teilnahme-von-schuelerinnen-und-schuelern-streiks-und-demonstrationen-waehrend-der (27.6.22).

**MÜLLER,** Stefan (2022): Kontroversität. In: Sander, Wolfgang/Pohl, Kerstin: Handbuch Politische Bildung. Frankfurt/M., S. 231–239.

**MÜLLER,** Helen Sophia/Peters, Benedikt (2020): So geht Politik. München.

**MÜLLER,** Andreas/Noirjean, Roland (2009): Lernerfolg ist lernbar. 22x33 handfeste Möglichkeiten, Freude am Verstehen zu kriegen. Bern.

**NITSCHKE,** Peter (2020): Einführung in die Politikwissenschaft. Darmstadt.

**OBERLE,** Monika (2020): Beutelsbacher Konsens. In: Achour, Sabine/Busch, Matthias/Massing, Peter/Meyer-Heidemann, Christian (Hg.): Wörterbuch Politikunterricht. Frankfurt/M., S. 30–32.

**OHLMEIER,** Bernhard (2007): Politische Sozialisation von Kindern im Grundschulalter. In: Richter, Dagmar (Hg.) (2007): Politische Bildung von Anfang an. Demokratie-Lernen in der Grundschule. Schwalbach/Ts., S. 54–72.

**PFF** (o.J.): Parents for Future Deutschland. Online verfügbar unter: https://parentsforfuture.de/de/ (27.6.22).

**PAXMANN,** Christine (2021): So geht's! Demokratie für Kids. München.

**REHERMANN,** Dominik/Schlör, Katrin (2021): Von Hogwarts nach Wakanda. Eine Reise zu Demokratie und Werten in modernen Mythen. Stuttgart. Online verfügbar unter: https://www.lpb-bw.de/fileadmin/lpb_hauptportal/pdf/publikationen/Baustein_Wakanda_barrierefrei.pdf (27.6.22).

**REINHARD,** Sibylle (2012): Politikdidaktik. Praxishandbuch für die Sekundarstufe I und II. Berlin.

**RICHTER,** Dagmar (Hg.) (2007): Politische Bildung von Anfang an. Demokratie-Lernen in der Grundschule. Schwalbach/Ts.

**RICHTER,** Elisabeth/Lehmann, Teresa/Sturzenhecker, Benedikt (2017): So machen Kitas Demokratiebildung. Weinheim.

**ROHE,** Karl (1994): Politik. Begriffe und Wirklichkeiten. Stuttgart.

**SAMLIDIS,** Luca (2020): Fridays for Future, Forderungen, Strukturen und Re-Politisierung der Jugend. In: Journal für politische Bildung, 3/2020, Frankfurt/M., S. 70–73.

**SANDER,** Wolfgang/Pohl, Kerstin (2022): Handbuch Politische Bildung. Frankfurt/M.

**SCHADE,** Anne-Katrin/Hüller, Lukas (2016): Kinder, das sind eure Rechte. Stuttgart.

**SCHNEIDER,** Gerd/Toyka-Seid, Christiane (2013): Das junge Politik-Lexikon. Bonn.

**SFF** (o.J.): Scientists for Future Deutschland. Online verfügbar unter: https://de.scientists4future.org/ (27.6.2022).

**SCHERB,** Armin (2020): Handlungsorientierung. In: Achour, Sabine/Busch, Matthias/Massing, Peter/Meyer-Heidemann, Christian (Hg.). Wörterbuch Politikunterricht. Frankfurt/M., S. 105–106.

**SCHOLZ,** Lothar (2020): Methodenkiste. Bon. Online verfügbar unter: https://www.bpb.de/shop/materialien/thema-im unterricht/36913/methoden-kiste/ (27.6.22).

**SCHULG** (Schulgesetz für das Land Berlin) (2004) [2022]. Online verfügbar unter: https://gesetze.berlin.de/perma?d=jlr-SchulGBErahmen (27.6.22).

**SHELL** Jugendstudie (2019). Online verfügbar unter: https://www.shell.de/ueber-uns/initiativen/shell-jugendstudie.html (27.6.22).

**STERNBERGER,** Dolf (1978): Drei Wurzeln der Politik. Frankfurt/M.

**STUDTMANN,** Katharina (2017): Außerschulisches Lernen im Politikunterricht. Schwalbach/Ts.

**STUDTMANN,** Katharina/Jordan, Anne (2020): Mit Sprachbildung zur Urteilsbildung im Brückenfach Gesellschaftswissenschaften. In: Sprachbildung im Politikunterricht, Sonderausgabe. Frankfurt/M., S. 60–72.

**TAGESSPIEGEL** (2019): 10.3.2019: Lindner spricht streikenden Schülern Klima-Kompetenz ab. Online verfügbar unter: https://www.tagesspiegel.de/politik/fdp-chef-lindner-spricht-streikenden-schuelern-klima-kompetenz-ab/24085544.html (27.6.22).

**TAUSENDPFUND,** Markus (2008): Demokratie Leben Lernen – Erste Ergebnisse der dritten Welle. Politische Orientierungen von Kindern im vierten Grundschuljahr. Online verfügbar unter: http://www.mzes.uni-mannheim.de/publications/wp/wp-116.pdf (27.6.22).

**TFF** (o.J.): Teachers for Future Germany e.V. Online verfügbar unter: https://teachersforfuture.org/ (27.6.22).

**TUNGODDEN,** Tore: (2005): Die Ministerpräsidentin. Hildesheim.

**UN** (2015): FCCC/CP/2015/L.9/Rev.1, deutsche Übersetzung: Übereinkommen von Paris. Online verfügbar unter:https://www.bmu.bund.de/fileadmin/Daten_BMU/Download_PDF/Klimaschutz/paris_abkommen_bf.pdf (27.6.22).

**UNICEF** (2021): The Climate Crisis is a Child Rights Crisis. Introducing the Children's Climate Risk Index. Online verfügbar unter: https://data.unicef.org/resources/childrens-climate-risk-index-report/ (27.6.22).

**UN-KRK** (1989): Konvention über die Rechte des Kindes. Online verfügbar unter: https://www.unicef.de/blob/194402/3828b8c72fa8129171290d21f3de9c37/d0006-kinderkonvention-neu-data.pdf (27.6.22).

**VAN** Deth, Jan (2005): Kinder und Politik. In: Aus Politik und Zeitgeschichte (APuZ) 41, S. 3–6. Online verfügbar unter: https://www.bpb.de/apuz/28780/kinder-und-politik-essay (27.6.22).

**VAN** Deth, Jan/Abendschön, Simone/Rathke, Julia/Vollmar, Meike (2007): Kinder und Politik. Politische Einstellungen von jungen Kindern im ersten Grundschuljahr. Wiesbaden.

**VIERECKE,** Andreas/Mayerhofer, Bernd/Kohout, Franz (2019): dtv-Atlas Politik. München.

**WAGNER,** Wolf (2006): Wie Politik funktioniert. München.

**WATERMANN,** Rainer (2005): Politische Sozialisation von Kindern und Jugendlichen. In: APuZ 41/2005. Online verfügbar unter: https://www.bpb.de/apuz/28784/politische-sozialisation-von-kindern-und-jugendlichen (27.6.22).

**WEHLING,** Hans Georg (1977): Konsens à la Beutelsbach? Nachlese zu einem Expertengespräch. In: Schiele, Siegfried/Schneider, Herbert (Hg.): Das Konsensproblem in der politischen Bildung. Stuttgart, S. 173–184

**WEINERT**, Franz E. (2001): Vergleichende Leistungsmessung in Schulen – eine umstrittene Selbstverständlichkeit. In: Weinert, Franz E. (Hg.): Leistungsmessung in Schulen. Weinheim/Basel, S. 17–31.

**WEISSENO**, Georg/Detjen, Joachim/Juchler, Ingo/Massing, Peter/Richter, Dagmar (2010): Konzepte der Politik – ein Kompetenzmodell. Bonn.

**WELT** (2019): Welt vom 2.4.2019: „Das kann nicht ewig so weitergehen." Online verfügbar unter: https://www.welt.de/politik/deutschland/article191245663/Fridays-for-Future-Gruener-Kretschmann-hat-genug-von-den-Schulstreiks.html (22.6.2022).

**WIEDEMANN**, Alfred (2019): Aschermittwoch der Grünen: Für Europa und gegen die Populisten. In: Südwest Presse vom 6.3.2019. Online verfügbar unter: https://www.swp.de/lokales/kretschmann-und-habeck-gruenen-aschermittwoch_-fuer-europa-und-gegen-die-populisten-30220947.html (22.6.2022).

**WITT**, Dirk (2012): Methodisch fit in Geschichte – Politik – Erdkunde: Materialien für den gesellschaftswissenschaftlichen Anfangsunterricht. Mühlheim an der Ruhr.

**WITT**, Dirk/Knigge-Blietschau, Johann/Sieber, Christian (Hg.) (2021): Leitfaden Referendariat im Fach Gesellschaftswissenschaften. Frankfurt/M.

**WOHNIG**, Alexander (2022): Handlungsorientierung. In: Sander, Wolfgang/Pohl, Kerstin (Hg.): Handbuch Politische Bildung. Frankfurt/M., S. 251–259.

**WYATT**, Valerie (2014): Die Bademattenrepublik, Anleitungen zum Aufbau einer eigenen Demokratie. Leipzig.

**ZDF** (2019a): ZDF-Politbarometer „Fridays for Future": Zwei Drittel begrüßen Klima-Demos der Schüler „Fridays for Future", 15.3.2019. Online verfügbar unter: https://presseportal.zdf.de/pressemitteilung/mitteilung/zdf-politbarometer-maerz-i-2019/ -Sammlung von Meldungen.

**ZDF** (2019b): ZDF-Politbarometer Wirksamkeit der „Fridays for Future"-Demos: Skepsis überwiegt, 12.4.2019. Online verfügbar unter https://presseportal.zdf.de/pressemitteilung/mitteilung/zdf-politbarometer-april-2019/

**ZEIT** online (2019): „Es bleibt die Tatsache, dass sie dafür die Schule schwänzen", 15.3.2019. Online verfügbar unter: https://www.zeit.de/politik/deutschland/2019-03/schuelerstreik-kritik-annegret-kramp-karrenbauer-fridays-for-future (27.6.22).

**ZWINGLI**, Urs-Peter (2019): St. Galler Forscher zum Klimastreik, 25.1.2019. Online verfügbar unter: https://www.tagblatt.ch/ostschweiz/klimastreik-das-ist-mehr-als-schulschwaenzen-ld.1088103 (27.6.22).

# Videos und Podcasts

## Videos

**BPB** (2016): Was ist Politik? Ein Mosaik [Video]. Online unter:https://www.bpb.de/gesellschaft/bildung/politische-bildung/218581/definitionen, (0 8.6.2022).

**MESH COLLECTIVE** (2014): Was ist Politik?//Explain Brain [*YouTube*-Video]. Veröffentlicht am 25.5., online unter: https, (8.6.2022).

**MRWISSEN2GO** (2019): Schulstreiks: Blödsinn oder sinnvoll? [YouTube-Video].Veröffentlicht am 14.3., online unter: https://www.youtube.com/watch?v=v25hjmf34wQ, (8.6.2022).

**RHEINMAINTV** (2017): Kinder erklären Politik [YouTube-Video].Veröffentlicht am 21.9., online unter: https://www.youtube.com/watch?v=6AEVMGfQdig, (8.6.2022).

**SCHREIBER,** Franziska (2019): Schulstreiks: Muss das sein? [Video]. Veröffentlicht am 14.3., online unter: https://www.ardmediathek.de/video/franziska-schreiber/schulstreiks-muss-das-sein-oder-franziska-schreiber/funk/Y3JpZDovL2Z1bmsubmV0LzEyMDE4L3ZpZGVvLzE2MDAzMjU/,(8.6.2022).

**ÜBER UNS** (2018): *Was ist Politik?*[*YouTube* -Video].Veröffentlicht am 26.9., online unter: https://www.youtube.com/watch?v=NczXTXDIJtc, (8.6.2022).

**WDR** (2019): neuneinhalb – Deine Reporter: Fridays for Future [YouTube-Video]. Veröffentlicht am 9.3., online unter: https://www.youtube.com/watch?v=l9anQNJOQmA, (8.6.2022).

**ZDFLOGO!** (o.J): Kindernachrichten. Online unter: https://www.zdf.de/kinder/logo, (8.6.2022).

**ZDF** logo! extra (2019): Mitbestimmung in der Schule[Video].Veröffentlicht am 25.9., online unter: https://www.zdf.de/kinder/logo/logo-extra-schule-100.html, (8.6.2022).

**ZDF** logo!news:date (o.J): Pro – contra?. Online unter: https://www.zdf.de/kinder/logo-newsdate, (8.6.2022).

**ZDF:** Pur + (o.J.): *Das Entdeckermagazin mit Eric Mayer*. Online unter: https://www.zdf.de/kinder/purplus, (8.6.2022).

## Video-Podcast

**MERKEL,** Angela (2019): Klimaschutz in Europa gemeinsam anpacken. [Video-Podcast]. Ausgestrahlt am 2.3.2022,online unter: https://www.bundesregierung.de/breg-de/service/archiv/archiv-mediathek/merkel-klimaschutz-in-europa-gemeinsam-anpacken-1586124, (8.6.2022).

## Audio-Podcasts

**GEOLINO** (o.J.): GEOlino Spezial – der Wissenpodcast. [Podcast]. Online unter: https://www.geo.de/geolino/mensch/22743-rtkl-jetzt-anhoeren-geolino-spezial-der-wissenspodcast, (8.6.2022).

**TAGESSCHAU** (o.J): Zukunfts-Podcast mal angenommen. [Podcast]. Online unter: https://www.tagesschau.de/multimedia/podcasts/mal-angenommen-feed-101.html, (8.6.2022).

# Anhang

## Unterrichtssequenz für den Anfangspolitikunterricht

Leitfrage: Fridays for Future-Demonstrationen – Sind die Meinungs- und Versammlungsfreiheit wichtiger als die Schulpflicht?

| Sequenzphase | Inhalte | Materialien und Medien | Methoden und Sozialformen | Kompetenzen und Standards |
|---|---|---|---|---|
| Einstieg (ca. 30–45 Minuten) | FFF – Demonstrieren oder Lernen für die Zukunft? | Fotos von FFF-Demonstrationen und Reaktionen auf FFF | Think-Pair-Share zu Fotos | Politisches Erschließen/Politische Phänomene der Lebensumwelt identifizieren |
| | FFF – Was weißt du darüber? | Fotos von FFF-Demonstrationen und Reaktionen auf FFF | Vorwissen in Mindmap im UG strukturieren | Politisches Erschließen/Politische Phänomene der Lebensumwelt identifizieren |
| | Überblick über die Unterrichtssequenz | Schaubild | Vortrag der Lehrkraft | Urteilen/Lernweg reflektieren |
| Information (ca. 3x45') | FFF – Was, wer, wo, seit wann, wozu, wie? | Kindersachfilm (Logo! oder 9 1/2) über FFF mit AB | AB mit Fragen zum Video in EA lösen, in PA vergleichen + Mindmap der Einstiegsphase mit Infos aus Video in UG ergänzen | Politisches Erschließen/Politische Phänomene der Lebensumwelt identifizieren |
| | Mitbestimmen in der Demokratie – aber wie? | kurzer Sachtext zu Partizipationsmöglichkeiten Jugendlicher in der Demokratie, Plakat *Berlin mitgestalten* | PA – Textinhalt in Schaubild transportieren, Überschriften, Bilder und Piktogramme zuordnen | Politisches Erschließen/Spielräume für politisches und demokratisches Handeln ermitteln + Politische Phänomene ordnen |
| | Mitbestimmen in der Demokratie – Welche Rechte und Pflichten habe ich? | Auszüge aus dem Grundgesetz, der UN-Kinderrechtskonvention und dem Schulgesetz | GA – Zuordnung: Partizipationsmöglichkeiten + Protestformen zu Rechten + Pflichten | Politisches Erschließen/Spielräume für politisches und demokratisches Handeln ermitteln + Politische Phänomene ordnen |

| | | | | |
|---|---|---|---|---|
| Analyse (ca. 2x45′) | FFF-Demonstrationen während der Schulzeit – Was spricht dafür und was dagegen? | 4 Rollenkarten (2x Pro, 2x Contra) mit je einer Position zur Urteilsfrage | Gruppenpuzzle mit Zwischensicherung zwischen Stammgruppen- und Expertengruppenphase | Politisch Erschließen/Politische Phänomene der Lebensumwelt analysieren |
| | | Tabelle mit Argumenten der vier Positionen | Schlusssicherung im Unterrichtsgespräch | Urteilen/unterschiedliche Standpunkte voneinander unterscheiden |
| simulatives Handeln (ca. 1–2 U-Stunden) | Talk am Morgen: FFF-Demonstrationen während der Schulzeit – richtig oder falsch? | * Rollenkarte und Tabelle mit Argumenten<br>* Beobachtungs- und Dokumentationsbogen | Talkshow (Vorbereitung, Durchführung, methodische und inhaltliche Auswertung) | * Urteilen/Standpunkte wahr- und einnehmen/aus dem Blickwinkel ausgewählter Standpunkte ein Problem beurteilen |
| Urteil (ca. 1 U-Stunde) | FFF-Demonstrationen während der Schulzeit – richtig oder falsch? | *4 Rollenkarten (aus der Analysephase)<br>* Sprechblasen-AB mit Satzanfängen | * EA – kurzes schriftliches Urteil<br>* Vier-Ecken-Methode und Diskussion in wechselnden Kleingruppen | * Urteilen/Werturteile entwickeln/mithilfe von Kategorien/individuellen Wertmaßstäben argumentieren + die Pluralität von Urteilen anerkennen und die eigene Position sachlich vertreten |
| Reflexion (ca. 15′) | Top oder Flop- Wie war die Unterrichtssequenz? | * Satzanfänge visualisiert | Blitzlicht mit Satzanfängen „Ich habe gelernt …/Die Talkshow fand ich …/Ich frage mich …" | * Urteilen/eigenen Lernweg reflektieren |
| ggfs. reales Handeln | Mein Handeln – Ich bestimme mit, indem ich …/Für den Klimaschutz tue ich … | * Informationen zu Mitbestimmungs und Handlungsmöglichkeiten zum Klimaschutz | * Projekt – freiwillige demokratische Teilhabe oder Klimaschutz-Engagement von SuS zuhause, in der Schule oder im Stadtteil | * Spielräume für politisches und demokratisches Handeln ermitteln |

## Lehr-Lernschritte einer Unterrichtssequenz im Anfangspolitikunterricht

| Sequenzphase | Lernschritt | Funktion | Medien | Methoden/Sozialformen | Kompetenz |
|---|---|---|---|---|---|
| Einstieg (ca. 1 U-Std.) | Problem erkennen | Problem aufwerfen, Motivation erzeugen, Vorwissen aktivieren, ggf. Vorurteil fällen, ggf. Überblick über Struktur und Ziel der U-Sequenz geben | z. B. Bildimpuls, Geschichte, Gegenstand, Fallbeispiel, Zeitungsartikel, Karikatur, Lied | z. B. Think-Pair-Share, Gesprächskreis, Placemat, Kartenabfrage, Mindmapping, Spiel | Konzeptwissen |
| Informationsphase (ca. 2–3 U-Stunden) | Grundlegende Informationen sammeln und Konzeptwissen aufbauen | Grundlagenwissen (z. B. Akteure, Ursache, Folgen, Rahmenbedingungen) im Überblick aufbauen sowie zentrale Begriffe und Definitionen klären | z. B. Film, Informationstext (Schulbuch, Lexikon), Diagramme, Arbeitsblatt, Suchmaschinen | z. B. Partnerarbeit, eigene Internetrecherche, Unterrichtsgespräch | Konzeptwissen |
| Analysephase (inkl. Sicherung und Präsentation) (ca. 3–4 U-Stunden) | Multiperspektivische Analyse | Positionen verschiedener Akteure (i.d.R. arbeitsteilig) erschließen | z. B. Film, Text, Diagramme, Rollenkarten, ggf. eigenständige Internetrecherche | Gruppenarbeit, Stationsarbeit | Analysekompetenz |
| | Lernprodukt erstellen und präsentieren | erarbeitetes Wissen in einem Lernprodukt reorganisieren und sichern, das Lernprodukt den Mitschüler:innen präsentieren | z. B. schriftlich: Arbeitsblatt, Tabelle, Mindmap, Plakat, Schaubild, Wandzeitung, z. B. mündlich: Rollenspiel, Interview | z. B. Schüler:innen-Präsentationen, Galeriegang, Worldcafé, Gruppenpuzzle | Methodenkompetenz |

| | | | | | |
|---|---|---|---|---|---|
| Handlungsphase (simulativ) (ca. 1 U-Stunde) | mit dem erarbeiteten Wissen simulativ politisch handeln | in einer Diskussion in eine Rollen schlüpfen (Perspektivwechsel) und die erarbeitete Position argumentativ vertreten | in Lernprodukten gesichertes Wissen der Analysephase | regelgeleiteten Kommunikationsform: z. B. Pro-Kontra-Debatte, Talkshow, Planspiel | (simulative) Politische Handlungskompetenz |
| Urteilsphase (ca. 1 U-Stunde) | ein politisches Urteil fällen | individuell und begründet, schriftlich und/ oder mündlich über das Problem urteilen und dieses Urteil gegenüber Mitschüler:innen vertreten | z. B. schriftlich: Kommentar, Leserbrief, E-Mail, z. B. mündlich: Diskussion, Positionslinie, Streitlinie | EA oder PA, Schreibkonferenz, Kleingruppendiskussion, Placemat, Stumme Diskussion | Politische Urteilskompetenz |
| Reflexionsphase (ca. 0,5 U-Stunde) | Meta kommunikation | den eigenen Lernprozess reflektieren | z. B. Ampelkarten, Zielscheibe, Evaluationslandschaft | z. B. Blitzlicht, Daumenabfrage | Lernprozessbezogene Urteilskompetenz |
| ggfs. Handlungsphase (real) | ggfs. gemäß dem eigenen Urteil real (politisch) handeln | das individuelle politische Urteil in und außerhalb der Schule in konkretes Handeln umsetzen | z. B. individuellen Lebensstil an Urteil anpassen, schul, kommunal- oder gesellschaftspolitisch aktiv werden | z. B. Konsumgewohnheiten ändern, Antrag in die Schülervertretung einbringen, Brief an Schulleitung, eigene Position öffentlich vertreten | (reale) Politische Handlungskompetenz |

Katharina Studtmann

# Politikunterricht in den Klassen 5 bis 7

## Eine praxisorientierte Einführung in die Unterrichtsplanung